Les Éditions du Boréal
4447, rue Saint-Denis
Montréal (Québec) H2J 2L2
www.editionsboreal.qc.ca

L'ART
DU BEL CANTO

DU MÊME AUTEUR

Traduction en anglais de l'ouvrage de Reynaldo Hahn, *Du chant* (1920), sous le titre *On Singers and Singing,* Amadeus Press, Portland (Oregon), 1990.

Léopold Simoneau

L'ART
DU BEL CANTO

Préface de Renée Maheu

Boréal

Les Éditions du Boréal remercient le Conseil des Arts du Canada ainsi que le ministère du Patrimoine canadien et la SODEC pour leur soutien financier.

Les Éditions du Boréal bénéficient également du Programme de crédit d'impôt pour l'édition de livres du gouvernement du Québec.

L'auteur remercie Roland Alarie, licencié en lettres, qui a retranscrit à l'ordinateur son manuscrit original.

Couverture : Léopold Simoneau dans l'opéra *Idomeneo* de Mozart, au festival de Glyndebourne.

© 1995 Les Éditions du Boréal pour l'édition originale
© 2004 Les Éditions du Boréal pour la présente édition
Dépôt légal : 1er trimestre 2004
Bibliothèque nationale du Québec

Diffusion au Canada : Dimedia
Diffusion et distribution en Europe : Les Éditions du Seuil

Données de catalogage avant publication (Canada)

Simoneau, Léopold, 1918-

L'Art du bel canto

    2e éd.

    (Boréal compact ; 154)

    ISBN 2-7646-0288-X

    1. Chant – Méthodes. 2. Bel canto. I. Titre.

MT820.S598   2004   783'.04   C2003-941953-3

*En affectueux hommage à ma femme Pierrette Alarie
pour sa précieuse collaboration.*

Le temps ne respecte rien de ce qui a été fait sans lui.

Préface

Dans le livre d'or des grandes voix du Canada, si l'on remonte à la génération des Emma Albani, Rodolphe Plamondon, Louise Edvina, Edward Johnson aussi bien qu'à celle de Raoul Jobin et de George London, puis plus près de nous à celle de Lois Marshall, Jon Vickers, Richard Verreau et Maureen Forrester, le ténor Léopold Simoneau se distingue par une réputation internationale prestigieuse : il est le plus grand interprète du répertoire mozartien.

Doué à la naissance d'une voix au timbre d'une qualité aristocratique exceptionnelle, le jeune ténor québécois se dirigea, dès ses études classiques terminées, vers l'étude du beau chant, c'est-à-dire à la recherche du bel canto.

Il fut favorisé par le choix de maîtres qui surent l'orienter dans la voie qu'il avait choisie. D'abord à Québec avec le professeur Émile Larochelle, puis à Montréal avec le maître Salvator

Issaurel, Français d'origine, qui avait formé, avec la cantatrice montréalaise Béatrice La Palme, un duo qui inspira le couple mozartien que deviendront Pierrette Alarie et Léopold Simoneau. C'est toutefois à New York que Léopold Simoneau trouva ce qu'il souhaitait obtenir comme formation de base essentielle.

Le studio du maître new-yorkais Paul Althouse accueille les chanteurs les plus prodigieux, et l'enseignement qu'y reçoit Simoneau est rationnel et privilégie l'aspect esthétique plutôt qu'athlétique du chant. Paul Althouse insiste sur la mezza voce et les demi-teintes que le jeune homme possède naturellement, et sur l'agilité dont il fait preuve quotidiennement dans les vocalises de l'air de Don Giovanni, « Il mio tesoro ». L'agilité étant, disait-il, la base même du bel canto.

Trois ténors professionnels ont donc formé le grand ténor mozartien et chacun d'eux a laissé sa marque à une génération de chanteurs nord-américains.

En 1943, sir Thomas Beecham dirige le couple Alarie-Simoneau dans son premier opéra de Mozart, Le Nozze di Figaro, pour les festivals de Montréal ; en 1950, c'est le Festival d'Aix-en-Provence qui acclame le ténor Léopold Simoneau, découvert quelques mois auparavant à l'Opéra de Paris par Gabriel Dussurget, cofondateur de ce prestigieux festival d'après-guerre. Il en est la révélation. « Un ténor mozartien est né », dit-on partout. À l'issue du Così fan tutte que dirige Hans Rosbaud, le critique musical de réputation internationale Claude Rostand écrivait dans Carrefour : « Ce jeune ténor possède un art et une science du chant vraiment incomparables, sa voix est richement timbrée ; il a du goût, du style, de la vaillance, de la chaleur et, dans le rôle de Ferrando, il égale les meilleurs du genre. »

La presse internationale découvre à son tour la qualité aristocratique et l'élégance racée du ténor canadien.

Léopold Simoneau est immédiatement sollicité comme interprète de Mozart, et ce sera Glyndebourne et Fritz Busch ; l'année suivante : Édimbourg, la Scala et Karajan, Munich, Vienne, Chicago, Salzbourg, le Teatro Colon, San Francisco et le Metropolitan de New York.

Sur une période de trente ans, Léopold Simoneau interpréta trente-sept rôles avec les compagnies d'opéra les plus renommées ; il chanta dans les salles de concert les plus prestigieuses d'Europe, d'Amérique du Nord et d'Amérique du Sud. Il partagea la scène avec les interprètes les plus illustres de sa génération, sous la direction des chefs d'orchestre les plus célèbres ; sa réputation s'étendit au concert et au récital. Sa discographie comprend une trentaine de titres d'opéras, d'oratorios, de mélodies, et ses enregistrements d'opéras de Mozart demeurent toujours une référence pour les mélomanes, chanteurs et discophiles. De plus, sa vaste expérience vocale, musicale et théâtrale l'a guidé au cours de ses vingt ans d'enseignement à San Francisco et à Victoria.

C'est donc le fruit de cinquante années mises au service de l'art lyrique que Léopold Simoneau nous livre dans le présent ouvrage qu'il commente ainsi : « Je l'ai voulu succinct, car il y a vraiment peu à dire sur la culture du geste chanté naturel si l'on ne veut pas tomber dans la supercherie... Je crois néanmoins avoir abordé les principaux éléments d'une culture vocale rationnelle. J'ai en ma possession quelques traités sur ce sujet, de trois cents pages et plus, qui n'en disent guère plus long sur l'essentiel de cette matière. »

Nul doute que les pédagogues, les chanteurs professionnels, les nombreux étudiants et les lyricomanes découvriront avec enthousiasme la belle culture musicale du maître Léopold Simoneau et son approche du bel canto.

Voilà une brillante fin de carrière pour un grand artiste que le Canada honorait en le créant officier de l'Ordre du Canada en 1971 et que la France nommait officier de l'Ordre des arts et des lettres. À leur tour, les universités Laval, McGill et d'Ottawa lui décernèrent un doctorat en musique honoris causa. *En 1992, Léopold Simoneau était parmi les premiers lauréats des Prix du Gouverneur général du Canada pour les arts de la scène, et, en 1995, il a été nommé compagnon de l'Ordre du Canada.*

Renée Maheu, C. M.
Soprano, journaliste, biographe

Avertissement

L'expression « bel canto » signifie littéralement « beau chant ». Elle se prête cependant à diverses interprétations. À l'origine, elle aurait servi de titre à des ariettes composées par le célèbre professeur Nicola Vaccai, vers 1840, pour l'enseignement du beau chant italien, c'est-à-dire celui qui est antérieur à cette date.

En effet, déjà à cette époque, on considérait Rossini et Donizetti comme des innovateurs douteux. Ils parsemaient leurs compositions d'effets dramatiques qui requéraient des efforts vocaux périlleux.

C'était aussi l'aurore du romantisme larmoyant et criard, contraire à la pure vocalité, selon Vaccai.

Une autre interprétation traditionnelle de l'expression « bel canto » est celle qui encadre l'œuvre des trois grands compositeurs Rossini, Donizetti et Bellini. Leur style lyrique est grandiloquent en comparaison de la déclamation mélodramatique de Wagner et du vérisme de Mascagni et de Leoncavallo.

Enfin, aujourd'hui, on emploie l'expression « bel canto » à toutes les sauces. Mais on aime toujours à croire qu'elle se rapporte tout spécialement à l'art de créer de beaux sons, à celui de bien chanter, comme l'aurait souhaité Vaccai.

C'est évidemment cette dernière interprétation qu'il faudra donner à l'expression « bel canto » dans les pages qui suivent.

INTRODUCTION

Considérations générales sur l'enseignement du chant

> *Le chant est le seul art dont les représentants ne se donnent pas la peine d'apprendre les éléments essentiels.*
>
> REYNALDO HAHN

Dans sa présentation du prestigieux traité sur l'art vocal écrit par le docteur A. Wicart, traité intitulé *Le Chanteur* (Philippe Ortéz, 1931), Lucien Muratore (1876-1954), ténor français, qui fit une brillante carrière à l'Opéra de Paris, ainsi qu'aux opéras de Boston et de Chicago, écrivait : « Je ne connais pas de méthode parfaite ; toutes sont dangereuses, néfastes pour la majorité des élèves, car toutes, elles expriment des idées qui ne sont que des "trucs*", des moyens de tourner les difficultés, mais non de les vaincre. »

Comme l'histoire se répète, les méthodes néfastes persistent dans l'enseignement du chant. Mais aujourd'hui, plus d'un demi-siècle après cet énoncé de Muratore, la méthode de chant a fait place à la technique vocale. À l'aube du XXIe siècle, la majeure partie de l'activité humaine, y compris l'art du chant, est désormais axée sur les hautes technologies.

Cette nouvelle terminologie n'a cependant pas éliminé les « trucs » dont parle Muratore ; elle les a multipliés. Aujourd'hui, une sophistication encore plus nébuleuse caractérise les nouveaux systèmes préconisés par des charlatans et par les fanatiques qui enseignent le chant arbitrairement, selon des procédés qui ne font que vicier les dispositions naturelles et aboutissent à des résultats déplorables.

Dans le chapitre « L'horizon du chant » de la biographie de José Van Dam, l'éminent baryton déclare : « Je suis outré, révolté, de ce que je vois et de ce que j'entends de la pédagogie vocale. »

Dans notre biographie due à la plume de Renée Maheu, *Pierrette Alarie, Léopold Simoneau. Deux voix, un art* (Libre Expression, 1988) nous déclarions, page 294 : « N'importe quel quidam peut ouvrir son studio et se

---

* Le mot « truc » signifie ici : artifice, subterfuge, astuce, etc. Ce mot reviendra très souvent dans le présent ouvrage.

déclarer professeur de chant. Et c'est exactement ce qui se passe. Point besoin de brevet. L'État y est tout à fait indifférent. Comme il y a une masse incroyable d'individus qui caressent les plus hautes illusions de faire carrière lyrique, il y a proportionnellement une masse de marchands de vocalises prêts à répondre à la demande. Soit dit en passant, ce professorat, habituellement à l'abri du fisc, est énormément lucratif. Ce domaine est donc pollué, à quelques exceptions près, d'apprentis chanteurs, pianistes, organistes, répétiteurs, metteurs en scène, chefs d'orchestre, compositeurs et même musicothérapeutes qui prônent les théories les plus saugrenues, abracadabrantes, dont l'application contribue à la démolition de précieux talents. »

Combien de jeunes chanteurs perdent leur voix après d'assez longues études, après de pénibles sacrifices, après avoir caressé tant de rêves légitimes ! Pourtant, les dons ne leur manquaient pas au départ. Mais, victimes des aberrations d'ordre physiologique pratiquées dans l'enseignement de cet art, ils se voient finalement obligés d'aller grossir les rangs des professeurs incompétents pour n'avoir jamais reconnu les « trucs » désastreux qui les ont démolis.

C'est toujours par ignorance et faute d'une stricte observance des lois naturelles de la phonation que des voix sont ruinées. Pourquoi y a-t-il si peu de chanteurs vraiment remarquables sur les scènes lyriques mondiales d'aujourd'hui ? D'accord, l'histoire nous dit qu'il y a toujours eu relativement peu de bons chanteurs et encore moins de grands. Le présent ne diffère donc pas du passé ;

sauf que la pénurie actuelle m'apparaît, paradoxalement, plus prononcée pour les raisons suivantes : l'augmentation constante de la population, de même que la création d'un grand nombre de conservatoires et d'écoles de musique, sans compter les compagnies d'opéra de plus en plus plus nombreuses.

Cela revient à dire que le nombre d'étudiants en art vocal est certainement plus considérable aujourd'hui qu'il ne l'était hier. Pourquoi alors le nombre des bons chanteurs semble-t-il suivre une courbe inverse*? La raison n'est sûrement pas le manque d'excellents gosiers ou d'aspirants à la carrière lyrique. Les belles voix abondent surtout en Amérique du Nord. Les responsables de l'activité lyrique, notamment les directeurs d'opéra et les imprésarios, ont le sentiment que la toute première cause est la diminution de la qualité de l'enseignement où règnent l'incompétence, la routine et les opinions contradictoires.

Au cours des vingt années que j'ai passées dans le milieu du professorat, de mes multiples participations aux jurys de concours nationaux et internationaux, je n'ai pu que souscrire à cette évaluation.

James Levine, directeur artistique et principal chef d'orchestre du Metropolitan Opera de New York, affirme : « En réalité, rien n'a changé quant aux talents à notre époque. Je vois quantité de talents. J'entends de

---

* On se plaît à dire, peut-être avec une légère exagération, qu'à New York mille professeurs de chant enseignent à dix mille élèves.

magnifiques voix. Je vois aussi que les talents sont gâchés, déroutés, non parachevés. »

L'Italie, berceau de l'opéra et traditionnellement pourvoyeuse de gosiers ensoleillés qui illuminaient les scènes lyriques de par le monde, exporte aujourd'hui un nombre de plus en plus restreint de ces inimitables interprètes de Verdi, de Puccini, de Rossini et d'autres.

Pourquoi ? Roger Pines, critique à la discographie du *Metropolitan Opera News,* nous en donne peut-être une explication : « Les chanteurs italiens contemporains ont retenu quelque chose de la vive projection du texte de leurs prédécesseurs. Leur habileté technique, cependant, semble avoir disparu. Aucun ne réussit même une imitation du vrai trille. Les fioritures sont lourdes, maladroites. Nombre de voix manquent de réel "focus" et, dans une musique relativement facile, peu manifestent une ferme assurance soit à l'extrémité aiguë, soit à l'extrémité grave de leur voix. L'élégance du phrasé dans leur interprétation demeure singulièrement absente. »

On ne peut attribuer ces défauts qu'à la pauvreté de l'enseignement.

D'autre part, la poursuite du succès immédiat et ses avantages pécuniaires sont devenus irrésistibles chez l'impatiente génération des jeunes chanteurs de notre époque. Insuffisamment préparés, ils brûlent vite leurs ailes aux feux de la rampe.

Comme tous les arts, celui du chant poursuit la beauté. Or, la seule technique capable de dévoiler la beauté d'une voix est celle qui coordonne les divers éléments de la mécanique vocale selon la stricte observance des lois naturelles. Mieux encore, une technique doit être synonyme de respect d'un geste humain merveilleusement harmonisé.

La fausse glorification de la technique vocale

Aujourd'hui, l'enseignement du chant repose de plus en plus sur la seule mécanique musculaire de l'émission, soit le contrôle du souffle, l'appui ou le placement du son ici ou là, l'ajustement d'une musculature ou des cavités de résonance, et le reste. La mystique de la technique pure et simple est telle chez certains professeurs qu'ils ignorent la vraie source du son chanté, les considérations musicales et l'interprétation. La seule technique est devenue une fin.

Bref, on traite la voix comme un instrument autonome, dissocié de l'intelligence, de la sensibilité et de l'émotivité du chanteur. Négligeant cette réalité, l'enseignement de l'art vocal fait appel à toutes sortes de « trucs » pseudo-scientifiques et antinaturels. Scientifiquement parlant, il est impossible de placer ou de centrer la voix en un point quelconque de l'anatomie pour en révéler la beauté, la pleine capacité.

Cette fausse conception, et ceci est très important, vient de la croyance que le souffle est porteur du son et qu'il peut être dirigé vers un secteur particulier des résonateurs, soit le pharynx, la bouche, les cavités nasales et les sinus. Je m'explique. La pression du souffle fait vibrer les cordes vocales et fait naître le son. Mais, au-delà de celles-ci, ce sont les lois de l'acoustique qui priment. Dès sa naissance, le son se propage instantanément dans le pharynx et les diverses cavités de résonance. Songez que le son se transmet à la vitesse de trois cent quarante mètres à la seconde. Pendant ce temps, le souffle ne parcourt que quelques centimètres. Alors que votre voix peut fort bien porter sur une distance de cinquante mètres, le souffle qui l'a fait naître s'est arrêté sur vos lèvres.

Encore une fois, une technique et un contrôle volontaire du souffle et de la musculature du système de phonation pour placer ou centrer la voix en un point déterminé ne peuvent que désorganiser le processus normal de l'acte chanté.

Les théories sur le «placement» du son chanté se résument à des imageries illusoires. Placer le son dans le masque, par exemple, est un leurre. À partir de son origine, c'est-à-dire des cordes vocales, le son se diffuse avec la rapidité de l'éclair dans tous les résonateurs. En voulant orienter le son vers l'un d'eux, on crée automatiquement une fausse tension en plus d'altérer la vraie qualité du timbre.

Toutes les notes de l'étendue totale de la voix émergent forcément de la même source. Les sons aigus résultent tout simplement de cordes vocales plus tendues, de vibrations accélérées. Il est superflu de vouloir placer ces sons aigus, par exemple, et tous les autres sons selon leur tessiture : le souffle, le palais mou, la langue, les résonateurs s'ajusteront instinctivement à toute tessiture déterminée.

Le chanteur doit s'assurer avant tout que la relaxation de sa mâchoire et l'ouverture assez généreuse de sa bouche favorisent cet ajustement spontané et celui de toutes les autres composantes de l'acte chanté. En somme, il doit avoir une confiance aveugle dans son miraculeux mécanisme de phonation.

Le son idéal d'une voix donnée n'a pas besoin de placement pour s'épanouir en couleur et en force. Il naît tout simplement d'un bon appui respiratoire, d'un pharynx, d'une langue et d'une mâchoire relaxés, libres de toute position arbitraire, antinaturelle. Seul le larynx fonctionne sous une forte mais flexible tension musculaire des cordes vocales.

La voix alors est projetée et placée au-delà de toute section de l'anatomie buccale et nasale. Elle vole vers sa cible, l'oreille de l'auditeur. Les prétendues techniques vocales, rarement systématisées, naissent habituellement de la fantaisie de professeurs. Leurs procédés sont ainsi improvisés. Une science positive et son vocabulaire d'enseignement du chant attendent encore de voir le jour.

Que les anatomistes, physiologistes, laryngologistes, acousticiens qui n'ont jamais tenté de cultiver leur propre voix se mêlent d'établir des principes ou méthodes pour la formation des chanteurs m'apparaît illogique, voire absurde. Surtout qu'on chercherait en vain l'unanimité parmi ces messieurs. Chacun, naturellement, prône les principes scientifiques les plus fantaisistes.

Nous nous accordons tous cependant pour admirer l'émission naturelle, libre, qui rejoint la beauté sonore. Là, c'est l'oreille qui a établi les règles du jeu. Hélas ! rien n'impressionne davantage le jeune chanteur que d'entendre parler de technique, même la plus hypothétique.

Le geste vocal est intangible et invisible

Ce qui a donné naissance aux trucs de tout acabit dans l'enseignement du chant, c'est que le geste vocal est intangible, invisible et, pour la plupart de ses composantes, incontrôlable. Sur ce point capital, les explications viennent plus loin. Le fonctionnement de l'appareil vocal demeure toujours grandement mystérieux. Ce qui m'a toujours étonné à la lecture de nombreux traités sur le chant au cours de ma carrière, c'est le paradoxe inhérent à un même traité : ici, l'insistance sur le fait de chanter d'une façon naturelle, et là, un procédé puéril, artificiel, pour y arriver.

« Mais pour donner l'impression du naturel, écrit Reynaldo Hahn, je ne connais qu'un moyen : c'est d'être naturel. C'est-à-dire de n'imposer aucun effort aux organes, de ne pas déformer leur contexture par l'habitude d'une certaine position, toujours la même, et qui a le double inconvénient d'amener de la contraction et de donner à tout ce que l'on chante un caractère uniforme. D'abord il faut, en matière de chant, redouter et combattre toutes les "habitudes". Le chant doit être un instrument se prêtant à l'expression de tous les sentiments, de toutes les idées ; il faut donc qu'il demeure avant tout neutre, souple, passif et soumis à tous les caprices de la fantaisie intérieure. Et pourtant, au lieu de chercher à lui donner cette mobilité docile, certains professeurs s'appliquent à la rendre impossible en imposant à tous leurs élèves, indifféremment, des règles arbitraires, invariables, souvent d'une excentricité qui offense et dégrade les lois de la nature ! » (*Du chant,* Éditions Pierre Lafitte).

L'étude du beau chant, profondément humain, a toujours été et demeure avant tout un art dans lequel les formules scientifiques, constantes et invariables aboutissent infailliblement à des résultats négatifs.

Les techniques vocales contemporaines se veulent beaucoup trop complexes et elles sont, par conséquent, déroutantes. Elles nous font perdre de vue précisément que le beau chant est une fonction purement naturelle, instinctive, libérée de toute intervention consciente et directe sur le mécanisme vocal. Toute ingérence dans ce mécanisme va contre nature. La formation du son doit être en tout temps régie par l'imagination et par l'oreille, et non par un illusoire contrôle des organes vocaux. Le jeune chanteur orienté dans cette voie compromet ses dons, voire ses chances de succès. Une fois dans cet engrenage, il en sortira difficilement.

Mais l'éternel conflit entre la science du chant et l'art du chant persiste. D'accord, la science parvient vaguement à nous décrire la source physiologique de l'acte chanté, mais non la résultante. Celle-ci découle des facteurs psychologiques, émotifs du chanteur, c'est-à-dire de sa sensibilité, de la musicalité que le mot éveille. La science vit en laboratoire, alors que le chanteur, lui, vit dans l'expérience artistique, dans la création instantanée d'un langage musical et poétique. Les connaissances scientifiques sur le fonctionnement de la voix doivent donc demeurer strictement analytiques.

Bref, la science, qui n'a rien inventé dans l'art de manœuvrer la voix chantée, n'a contribué au contraire qu'à jeter une profonde confusion dans cet art. Le chant demeure avant tout un geste mental, une expression d'intériorité, et non une gymnastique de vocalisation. La voix sans inspiration n'est qu'un cri animal.

C'est dire que l'enseignement de l'art vocal présente un défi de taille. Le professeur s'engage à l'aveuglette dans une sphère hautement psychique. Le professeur de piano a tout sous les yeux, l'instrument et l'instrumentiste. Les cordes vocales ne sont visibles qu'au laryngoscope, un instrument médical qui n'a rien à voir avec l'art du chant. De plus, le chanteur lui-même ne sent pas ses cordes vocales. Mais, ce qui est encore plus problématique, il n'entend pas sa voix, comme le professeur ou l'auditeur. Le chanteur entend le son à sa source par le truchement d'une résonance intérieure, propagée par l'ossature du crâne, donc selon une image sonore tronquée.

Le professeur de son côté reçoit le produit fini, moins l'ampleur et la portée de la voix que l'habituelle étroitesse de son studio l'empêche de juger. Le dialogue entre professeur et élève doit donc procéder par images, sensations, perceptions, ce qui mène ordinairement à la confusion. Chaque professeur, on le suppose, a une idée assez précise de la signification des termes pédagogiques et personnels qu'il emploie. La plupart du temps, l'élève dégage de ce vocabulaire des interprétations différentes à cause de son imprécision. À ce jour, on n'a pas encore trouvé de terminologie standardisée pour décrire exactement ce que nous ressentons au cours du chant, pas plus que pour décrire les caractéristiques précises des timbres vocaux. D'ailleurs, on chercherait en vain deux êtres humains qui éprouvent les mêmes sensations en chantant ou qui entendent d'une façon identique.

Deux mots reviennent fréquemment dans la bouche du professeur, la « technique » et le « contrôle ». Deux termes déroutants, dangereux, mais que nous devrons accepter, faute de mieux.

La « technique » du chant a pris une importance prodigieuse dans l'enseignement de cet art. C'est un passe-partout magique, et maints professeurs jurent d'en posséder les secrets les plus profonds et, naturellement, les plus divergents. Ici, je reprends un court passage de notre biographie mentionnée ci-dessus (p. 296) : « Le Créateur nous a munis d'un gosier ou, si vous voulez, d'un système de phonation tout simplement miraculeux. Ce n'est que par la plus rigoureuse observance des lois naturelles qu'on peut en obtenir le meilleur rendement et non par l'imposition d'une quelconque "technique" qui, inévitablement, risque de brouiller un mécanisme si perfectionné et si sensible. Ce mécanisme du chant, dont la plupart des articulations échappent à notre volonté, est d'une telle complexité qu'il faut, dans l'enseignement, réduire son maniement à sa plus grande simplicité.

« Penser à la position de son larynx, par exemple, peut éveiller des sensations exagérées et fausses. Trop penser à l'exécution d'un acte physiologique risque d'y imposer une fonction contre nature, ce qui est désastreux. On marche mal en observant ses pieds. »

Définition du mot « technique » : ensemble de procédés que l'on utilise pour mener à bonne fin une opération. Or, dans l'enseignement du chant, les procédés ne peuvent être autre chose que la stricte obéissance aux lois naturelles qui régissent les organes vocaux. Cette règle exclut tous les trucs arbitraires et excentriques imposés au nom de la technique vocale.

Tout art naît de l'imagination, de l'inspiration. La technique en est la servante. Le danger survient quand cette servante devient gouvernante, quand la technique vocale n'est qu'un outil à manufacturer des notes en série. C'est un paradoxe de cultiver exclusivement une technique, souvent artificielle, pendant des mois et plus, pour ensuite l'associer à l'art qu'elle doit tout d'abord servir. L'une ne va pas sans l'autre. Technique, musique et interprétation demeurent inséparables.

Cette formation mécano-scientifique ignore le rôle fondamental de la sensibilité, de l'émotivité du chanteur. Le chant, encore une fois, est le mariage indissoluble de la pensée et du son. Avant d'émettre quelque son, on doit en avoir le concept ; celui-ci a préséance sur toute préoccupation mécanique de l'acte chanté. (Le chapitre premier apporte des éclaircissements sur cet énoncé.)

Quant au vocable « contrôle », il signifie : fait d'avoir

sous sa domination… ou encore : maîtrise. Chanter est un geste naturel qui ne tolère pas facilement un contrôle. C'est quand la voix est totalement lancée, libre, que l'on chante le mieux. Vous avez certainement entendu au hasard de rencontres chez des parents, chez des amis, à un service religieux, que sais-je encore, une voix non cultivée, mais de toute beauté, facile, ample, touchante. Celui-là ou celle-là vous faisait entendre une voix naturelle, sans contrôle fabriqué. L'un ou l'autre n'avait besoin que d'un bon entraînement quotidien de chant pour renforcer sa musculature et son appui respiratoire, pour acquérir une discipline musicale, pour cultiver son interprétation. Son chant pouvait ainsi atteindre un niveau professionnel sans être soumis à une nouvelle technique de chant.

De toute façon, le chanteur ne peut obtenir qu'un contrôle fort limité sur son mécanisme de phonation. *Le ton de la note chantée, sa couleur, son intensité et sa durée découlent essentiellement d'une image mentale.* À partir de cette image, ce sont les réflexes qui commandent aux organes vocaux auxiliaires, soit les résonateurs, pour obtenir les caractéristiques de l'émission désirée, et ce, sans l'intervention d'un contrôle volontaire au service d'une technique quelconque.

Le beau chant ne peut résulter que d'une étroite coordination de toutes les composantes de l'appareil vocal, à partir du diaphragme jusqu'aux sinus les plus minimes. C'est le cerveau qui harmonise et orchestre cet ensemble.

Il ne faudrait pas croire que le secret de l'enseignement à l'ère du bel canto s'est perdu avec les maîtres de l'époque. Ils n'ont pas emporté dans leur tombe des données scientifiques sur la culture vocale : ils n'en connaissaient pas. Leur enseignement du geste chanté découlait de principes fort simples. Peu préoccupés par le fonctionnement physiologique de la voix, ils limitaient leur attention aux aspects esthétique (la qualité sonore d'abord) et psychologique dans la formation du chanteur. Avec le jeu des voyelles pures, ils finissaient par obtenir la qualité du timbre ; plus cette qualité devenait pure, plus ils avaient la certitude d'être sur la bonne voie.

Dans son livre *Nachlang (Ansichten und Erinnerungen)*, Dietrich Fischer Dieskau nous informe qu'il n'eut en réalité qu'un seul maître, Hermann Weissenborn. Il écrit : « Il n'avait pas de méthode mais seulement des exercices improvisés, adaptés à chaque exigence particulière, qui me conduisaient tout droit sur la seule route praticable. Il estimait que la technique et l'interprétation devaient être étroitement liées, et son oreille incorruptible enregistrait mes faiblesses plus sûrement que le plus sensible des microphones. »

La voix libre

Quelque trois ans avant la lecture des propos de Muratore — cités dans l'introduction du présent ouvrage —, j'avais écrit ce qui suit dans un texte à l'intention d'une classe de maîtrise. « *Seule une voix libre* révèle toute sa beauté et sa richesse de timbre. *Seule cette voix libre* permet toutes les nuances requises dans l'expression et dans l'interprétation : une émission serrée et gutturale est automatiquement monochrome. *Seule cette voix libre* rend possibles la flexibilité et l'agilité pour le répertoire classique et les arabesques du bel canto (Rossini, Donizetti, Bellini). *Seule cette voix libre* est le secret de la santé et de la longévité de ce précieux instrument. *Seule cette voix libre* permet le déploiement de sa plus longue étendue, l'exploitation de toute sa résonance et de son ampleur. Enfin, *seule cette voix libre* est celle qui coûte le moins d'efforts au chanteur et procure la plus grande satisfaction à l'auditeur. Plus les cordes vocales jouissent de la totale liberté de vibrations, plus le son deviendra beau. L'art vocal le plus proche de la vérité obtient le maximum d'effets avec le minimum d'efforts. »

Quelle ne fut pas ma vive fierté de lire encore, dans cette même présentation de Muratore, que l'ouvrage du docteur Wicart serait « un guide qui indiquerait à tous, femmes et hommes, l'art du *chant libre* ; car la grande vérité est là : *la liberté du son* qui permet de tout faire, de tout exprimer, même au plus fort d'une action, sans que l'émission vienne gêner le chanteur ».

L'objet du présent ouvrage

En écrivant cet ouvrage sur l'art du bel canto, j'ai voulu, surtout et avant tout, suggérer les moyens de cultiver cette voix libre, sans la paralyser, et, du même coup, en révéler la beauté et le pouvoir d'expression.

Je veux à tout prix me limiter à l'essentiel du geste chanté. Je tiens à un ouvrage de simplification, écrit en termes clairs, précis et sans prétention littéraire. Les traités sur le chant de trois cents pages et plus, rédigés par des anatomistes, laryngologistes, acousticiens, et bourrés d'analyses arides du mécanisme vocal, ces traités ne sont pas lus par les chanteurs, et c'est heureux… En dépit de la complexité du mécanisme de phonation, l'enseignement du chant doit demeurer le plus simple possible. Il faut éviter les explications à nuances scientifiques qui ne contribuent en rien à la formation artistique du chanteur et si peu à sa formation vocale.

À l'occasion, je me rendrai intentionnellement coupable de redondance en répétant la même idée, en revenant sur les mêmes principes de base, mais en termes différents. Tout cela au bénéfice de la clarté et de la bonne compréhension.

Il va sans dire que le présent ouvrage ne remplacera pas le rôle toujours primordial du professeur. Une voix ne se cultive pas sans l'aide d'un guide éclairé. Le chanteur s'entend mal lui-même. Il est donc incapable d'une évaluation objective de son art. J'ose simplement espérer que mes conseils pourront bénéficier à l'un et à l'autre.

CHAPITRE 1

La pureté de la voyelle, pierre angulaire du bel canto

*Exigez de l'élève une voyelle pure et distincte,
sans quoi il n'est pas sorti de sa première leçon.*

FRANCESCO TOSI

Dans mon introduction, j'ai dénoncé les techniques mystiques, excentriques, abracadabrantes… appliquées encore aujourd'hui dans l'enseignement du chant. Ces méthodes ont toujours suscité la controverse et cela continue. Déjà en 1774, Giambattista Mancini déclarait : « En Italie, la musique est en décadence : il n'y a plus d'écoles, plus de célèbres chanteurs. »

Dans son traité *Théories complètes du chant* paru autour de 1850, Stephen de la Madelaine formulait une critique sévère de l'enseignement contemporain du chant en France : « On se sent frappé de découragement quand on examine l'état actuel de l'enseignement du chant en France. Le mal est partout. Il est profond, enraciné : ceux qui le font et qui en bénéficient jouissent doucement, en paix avec le monde et avec eux-mêmes, du fruit de leur détestable charlatanisme ; ceux qui en sont victimes s'endorment et se complaisent, en quelque sorte, dans leur aveuglement. De part et d'autre, l'amour-propre fait des merveilles. »

Voyons brièvement comment la controverse et la confusion dans la culture de l'art vocal amènent des enseignants soi-disant compétents à préconiser des procédés absurdes.

Manuel Garcia le jeune, inventeur du laryngoscope, est toujours considéré comme le grand seigneur de l'enseignement vocal au XIXe siècle. Il eut une carrière de baryton relativement brève. Par la suite, il enseigna le chant durant soixante-quinze ans. Il mourut à cent un ans en 1906. Il laissa nombre de documents sur la culture de la voix, dont un *Traité complet de l'art du chant*. Fidèle aux principes du bel canto, il finit quand même par s'impatienter contre le temps requis pour former des « maîtres chanteurs ». Il expérimenta certains contrôles directs sur l'organisme de la phonation. Par exemple : placer le son à l'avant, dans le masque, en hauteur, à l'arrière ; diriger le souffle vers le palais dur ou le palais mou ; favoriser une position haute ou basse du larynx ; contrôler le souffle, qu'il considérait comme nul après le début des vibrations des cordes vocales, c'est-à-dire le commencement du son chanté.

Enfin, Garcia considérait la rétractation de la mâchoire (menton rentré) comme un élément très important. Il suggérait même aux élèves indociles de s'enrouler un ruban autour du cou et du menton pour bien observer cette règle. Après nombre d'années, il désavoua ses expériences dans une déclaration publiée dans le *Musical Herald* de Londres en août 1894 : « Évitez toutes ces théories modernes, dit-il en concluant. Respectez fidèlement les lois de la nature. »

L'illustre Lilli Lehmann, qui nous a livré certains secrets de son art inégalé dans *Mon art du chant,* un fascinant traité paru en 1910, décrivait son impression d'avoir « une balle de caoutchouc derrière le nez » et de pouvoir « l'élargir en forme de poire ». Comme métaphore, c'est pour le moins insolite !

Au moins madame Lehmann aurait-elle dû nous préciser à quelle sorte de poire elle faisait allusion : l'anjou ou la bosc ? Important aussi, dans quelle position pouvait-elle élargir cette balle de caoutchouc en forme de poire : la queue en haut ou en bas ? Non, ce n'est pas très malin tout cela !

Jean-Baptiste Faure, baryton, grande vedette de l'opéra français, enseignait l'attaque du son par le « coup de glotte ». Cette théorie de l'attaque exagérément accentuée du son fut incomprise et fort contestée par ses contemporains. Ses adeptes connurent de graves déboires. Paul Marcel, auteur d'un livre sur le chant et qui connut

Faure comme interprète, écrit à ce sujet : « J'ai sous les yeux le traité d'un de nos grands maîtres du chant qui conseille l'attaque par la glotte et qui, chantant lui-même, se garde bien d'en faire usage. » Beaucoup plus tard, alors qu'il était à la retraite, Faure regrettait ce précepte et affirmait, selon son biographe Henri de Curzon : « Je n'en parlerais plus si c'était à refaire. »

Jean de Reszké, ténor de réputation internationale, qui fut aussi réputé comme professeur de chant, déclarait : « La grande question du chant, c'est une question de nez. » Pas surprenant que l'école française du chant ait eu pendant longtemps une piètre réputation.

Alessandro Bonci, autre ténor de renommée internationale, était d'avis que « chanter, c'est comme presser de la peinture d'un tube ».

Emma Albani-Lajeunesse, gloire canadienne du chant, obligeait ses élèves à tenir un crayon entre les dents au début de leurs études vocales, et ce, pour toutes les voyelles. Son but était de maintenir la position du sourire en chantant, de garder la mâchoire en retrait et immobile, et d'éviter l'intervention des lèvres dans l'articulation.

Enfin, voici une dernière théorie qui m'a été personnellement confiée et qui vous paraîtra assez cocasse. Au début de mes études vocales, j'avais été stupéfié un jour par la déclaration d'un professeur de chant selon laquelle un bon truc pour atteindre les notes aiguës était « de serrer les fesses ». Ça aussi… ? Voilà quelle avait été ma réaction !

Pensez donc au pauvre ténor à qui l'on a suggéré que

le moyen d'atteindre son *si* bémol est de placer la note entre les deux yeux, d'écarter les coins de la bouche en souriant légèrement, de soulever le palais mou, d'abaisser l'arrière de la langue, de gonfler la poitrine et, finalement, de serrer les fesses ! Si, par hasard, vous entendez un ténor rater son *si* bémol, vous pourrez conclure qu'il a ignoré ce dernier précepte de haute technique !

La liste des fantaisies qui président souvent à l'enseignement du chant pourrait remplir bien d'autres pages. Ce serait évidemment une perte de temps de s'y attarder. L'évocation de quelques-unes de ces aberrations aura servi, je l'espère, à vous les faire éviter.

La logique et une attitude plus rationnelle devraient bannir une fois pour toutes ces concepts truqués au profit des éléments essentiels de l'art du chant. Est-ce un vain espoir ?

★ ★ ★

> *La voix naturelle est un fluide sonore, élastique,*
> *qui doit être librement formé.*
>
> ANONYME

Les connaissances anatomiques ou physiologiques de l'appareil vocal ne sont pas essentielles à l'étude du chant professionnel. Connaître le rôle de la famille des cartilages cricoïdes et aryténoïdes, à l'origine des mouvements du larynx et des cordes vocales, ne va pas faciliter le contre-*ut* du soprano ou le *si* bémol du ténor. Au contraire, la connaissance de ces mouvements pourrait bien créer une distraction chez le chanteur et réduire la coordination instinctive et spontanée de son geste chanté. Cependant, je crois que certaines notions élémentaires, en particulier à propos du fonctionnement de l'appareil respiratoire, feront éviter de sérieux égarements. Le chapitre consacré au souffle répondra assez adéquatement à ce besoin.

Ni les cordes du violon ni les cordes vocales ne sont sonores

Il est bon de répéter cette vérité de La Palice : les cordes vocales sont à l'origine du son, mais sont elles-mêmes insonores. Ce sont les vibrations qu'elles engendrent dans la masse d'air des cavités thoracique, pharyngienne, buccale et des sinus qui deviennent sonores. Pareillement, les vibrations de la corde du violon font naître les sonorités de la boîte et de son contenu.

Autre similitude : ce sont les parois pharyngienne, buccale, palatale, les sinus et les lèvres qui donnent au timbre sa qualité et à la voix sa beauté. Tout comme c'est la qualité du bois et des vernis de la boîte du violon qui en enrichit la sonorité.

Mais les cavités résonantes de la voix ont en plus cette élasticité extraordinaire qui s'adapte à la couleur, à l'intensité et à la tessiture des sonorités recherchées. Cela donne à la voix humaine sa miraculeuse supériorité.

Quand tous ces résonateurs de la voix sont activés

sans fausse tension ou constrictions locales, quand la voix naît et se propage d'une seule venue tout le long de ce couloir, elle est alors libre, souple, lâchée, envolée, grâce avant tout à l'accommodation de toutes les parois de résonance, et cela sans brusquerie, sans serrage, sans blocage, sans contrôle artificiel. L'émission ainsi réalisée, en stricte conformité avec les lois naturelles du chant, porte au summum de sa qualité une voix donnée. De plus, naturelle et libre, cette voix sera d'une maniabilité et d'une portée exceptionnelles.

« C'est dans la pureté du son, dans sa couleur qu'est tout le chant, écrit Stephen de la Madelaine. Le reste n'est qu'un accessoire plus ou moins indispensable. Là est la difficulté qui doit avant tout préoccuper le professeur et réclamer ses soins les plus attentifs ; car l'intensité, la portée et le volume de la voix ne sont que des qualités secondaires. La netteté du timbre est le charme qui lui conciliera tous les suffrages. »

La raison pour laquelle monsieur de la Madelaine trouve que l'intensité, la portée, le volume de la voix sont « des qualités secondaires » vient du fait qu'il est relativement facile d'acquérir ces qualités. Je suis sûr qu'à ses yeux elles ont aussi une très grande importance. Mais ce qui ne s'acquiert pas aussi naturellement — ou même pas du tout chez nombre de chanteurs —, c'est la pureté du timbre, capitale dans la poursuite du bel canto.

Dire d'une voix qu'elle est belle, c'est la dire libre de sonorités nasales, aigres, forcées et le reste. En d'autres termes, c'est la dire capable d'émettre des voyelles pures, centrées. La pureté de la voyelle est la loi absolue de la beauté et de l'expressivité du chant.

La recherche de cette pureté de la voyelle, donc de la pureté et de la netteté de l'émission, doit primer sur la recherche ou l'application de toute technique qui pourrait développer ce que monsieur de la Madelaine appelle des « qualités secondaires ». Or cette pureté de la voyelle n'est possible qu'en voix libre, émise selon les lois strictement naturelles du fonctionnement de l'appareil vocal. Une voix forcée, pincée, truquée est incapable d'émettre des voyelles pures. Par conséquent, obtenir une voyelle pure donne déjà l'assurance qu'on chante bien.

C'était là le credo des grands maîtres du bel canto et la préoccupation première de leur enseignement. Cette priorité devrait motiver les professeurs d'aujourd'hui à faire valoir auprès de leurs élèves que la première condition pour mettre en harmonie les principaux éléments de l'acte chanté, c'est la pureté de la voyelle chantée.

L'efficacité de la culture vocale à partir de la pureté de la voyelle ne pourrait être mieux illustrée que par l'exemple de la grande vedette contemporaine, Luciano Pavarotti. Dans son autobiographie, il écrivait : « L'étude du chant ne m'exaltait pas… pas tout à fait. J'accomplissais aveuglément tout ce que mon professeur Pola me demandait de faire, et ce, jour après jour. Pendant six mois, nous ne fîmes rien d'autre que de vocaliser et de besogner sur les voyelles. »

Et ce, même si sa langue maternelle était l'italien, tellement riche en voyelles pures.

Comment obtenir la pureté de la voyelle ?

Le facteur primordial dans la nature de la pure voyelle et, par conséquent, dans la qualité de la voix, se trouve dans les harmoniques du son chanté. Sans elles, la distorsion de la pureté de l'émission est toujours présente. Sans ces harmoniques, le chant demeure plat, sans résonance en hauteur. Et un son de qualité plate est un son qui risque d'être bas en intonation, donc faux. Il est, par conséquent, opportun de livrer ici quelques notions à propos de la nature des harmoniques dans le chant.

Si nous frappons une touche au piano et laissons le son vibrer et s'éteindre graduellement, nous entendons, vers la fin de ses vibrations, une série de sons plus aigus et plus légers, en parfaite harmonie avec le son original. Celui-ci est appelé son fondamental ; les autres sons qui s'enchaînent au son fondamental sont appelés sons harmoniques. On compare ces derniers aux ombres d'un tableau, prolongements du sujet principal. Par exemple, le *do* première ligne sous la portée sera suivi du *do* de l'octave supérieure ; puis viendra le *sol* au-dessus de ce dernier ; ensuite encore le *do* et le *mi* toujours plus hauts.

Une oreille bien exercée peut immédiatement déceler les harmoniques dans une voix libre, qu'elle soit naturelle ou cultivée. Dans les voix mal placées, serrées par un mécanisme défectueux, seul (ou à peu près) le son fondamental est entendu. C'est souvent le cas dans la voix des chanteurs populaires. Ces voix à son fondamental uniquement, qu'on entend aussi chez certains chanteurs d'opéra, sont limitées, sèches, dures et dépourvues de couleur, de richesse de timbre. Cette richesse de timbre, cette volupté vocale, provient de l'abondance des harmoniques. En définitive, celles-ci constituent le facteur essentiel de la qualité de la voix, donc de la voyelle.

★ ★ ★

L'oreille est au chanteur et, bien entendu, à son professeur ce que l'œil est au peintre.

En plus de son rôle dans la perception des sons et dans les fonctions d'équilibre, l'oreille contribue sensiblement à l'ajustement de notre mécanisme vocal. Il existe, en effet, une très étroite relation entre les nerfs sensoriels de l'ouïe et les organes vocaux. Si, par hasard, vous entendez une voix irritée, rauque, éraillée, vous éprouvez immédiatement une sorte de malaise dans la région de votre propre gorge. Émettez vous-même, volontairement ou involontairement, des sons nasillards, gutturaux, serrés, en d'autres termes des sons laids, votre oreille protestera encore plus directement. Cette sonorité insupportable lui signalera qu'une fausse manœuvre, une tension, une rigidité de la musculature du larynx ou des résonateurs a dénaturé votre timbre.

Au contraire, si vous visez à enrichir la qualité sonore de votre voix grâce à la pureté des voyelles, votre oreille en sera flattée. Et plus sa satisfaction croîtra avec la beauté de votre émission, plus elle vous donnera l'assurance que votre geste chanté est naturel, rationnel.

L'oreille — la vôtre ou celle du professeur — demeure donc le juge ultime de la qualité vocale et, de la sorte, le guide instinctif et sûr du bon fonctionnement du mécanisme de votre voix. Bref, elle devient un stéthoscope infaillible. Sans l'oreille, le chanteur est comme l'aveugle qui voudrait peindre.

La culture vocale à l'époque des bel cantistes reposait exclusivement sur l'oreille, c'est-à-dire qu'elle était une culture essentiellement esthétique par opposition à la technique vocale mécano-scientifique. Les tenants de cette ancienne école écoutaient ; ceux de l'actuelle cherchent à savoir comment la voix est formée pour la contrôler, sans guère se soucier de sa qualité.

« L'étudiant en art vocal qui aspire à une carrière professionnelle doit, en tout premier lieu, être doué d'une oreille spécifiquement musicale. Tout le processus du chant en dépend. Cette acuité musico-auditive est rien de moins que la pierre angulaire du chant. Sans elle, tout le reste est inutile » (Sergius Kagen, *On Studying Singing*).

Hélas ! le chanteur entend mal sa voix. Il l'entend surtout par l'intermédiaire des vibrations à l'intérieur de lui-même, partiellement retransmises par l'ossature du crâne dont fait partie son oreille. Ce qui lui donne une image fort inexacte de son vrai timbre, de sa vraie voix, celle qui fuit vers sa cible, l'auditeur dans la salle. À ce problème vient s'ajouter la difficulté qu'éprouvent certains professeurs et chanteurs à identifier une voyelle pure tout comme les daltoniens se méprennent sur la perception des couleurs.

Pourtant la poursuite de la voyelle pure doit demeurer l'objectif fondamental dans l'esprit du jeune chanteur. Il n'a pas le choix : dans son orientation initiale, il doit absolument compter sur l'oreille affinée d'un professeur de haute expérience, souvent difficile à dénicher. Trop de professeurs de chant demeurent insensibles à la beauté du timbre ; ils s'intéressent davantage à la puissance, plus rapidement monnayable, qu'à la qualité de la voix, ce qui donne un caractère uniforme et rigide à tout ce qui est chanté et supprime toute possibilité de former de pures voyelles et de nuancer le chant.

Les professeurs de la grande tradition italienne procédaient de la façon suivante pour obtenir la pure voyelle. Après avoir découvert le son le plus pur, le plus beau, grâce au parfait équilibre sonore du *chiaro-scuro,* c'est-à-dire d'un mélange des sonorités claires et sombres, dans le registre le plus naturel et le plus facile de la voix, ces professeurs s'efforçaient d'obtenir les mêmes qualités, les mêmes couleurs, dans la gamme ascendante aussi bien que descendante du clavier vocal, aboutissant ainsi à une égalisation des registres, à une qualité constante, à un legato impeccable.

Ce qui ne facilite pas la tâche du professeur, il faut bien l'avouer, provient du désir irrésistible chez certains élèves de toujours viser à augmenter le volume de leur voix. Ils forcent le son plutôt que de chanter sur la résonance. Ils brûlent d'impatience de s'attaquer, trop tôt et trop souvent, à un répertoire de plus en plus lourd. Cette obsession doit être rigoureusement tempérée.

Quelle que soit la difficulté qu'on trouve dans la recherche des pures voyelles, elle doit être surmontée très tôt dans la formation du jeune chanteur. Si celui-ci a une image mentale précise des voyelles qu'il veut obtenir, ses résonateurs, pour y réussir, vont spontanément s'ajuster sans intervention de la volonté du chanteur, sans rigidité. Ces résonateurs — je le rappelle ici — sont : le pharynx, le palais mou, la langue, la bouche et les lèvres. Ainsi, le jeune chanteur s'engage sur le bon chemin. Son émission deviendra de plus en plus facile et sûre. Sa voix atteindra de nouvelles sonorités et une plus grande ampleur.

Acquérir très tôt cette image mentale de la voyelle pure est d'autant plus important pour l'élève que, normalement, il n'est en présence de son professeur qu'une ou deux fois par semaine. Il doit tout faire pour bien évaluer la qualité de son émission vocale. Peu à peu, il se persuadera qu'une relation directe s'établit entre la qualité de son chant, c'est-à-dire la pureté de la voyelle, et son mécanisme de phonation.

Il va de soi que les notes suraiguës, exigeant une généreuse ouverture de la bouche, altèrent la pureté des voyelles. Elles doivent tout de même demeurer reconnaissables.

L'obstacle le plus fréquent à toute bonne émission de voix, en particulier à la pureté de la voyelle, est la tension, la rigidité de la mâchoire. Le rôle capital de celle-ci est d'influencer la moulure, la qualité, l'ampleur, la flexibilité du son, sans parler de la clef de l'expression en chant, c'est-à-dire l'articulation. La mâchoire inférieure qui, elle, obéit à la volonté doit être d'une totale souplesse et ne créer aucune entrave aux résonateurs que sont le pharynx et la bouche.

Le moyen le plus efficace d'éviter ou d'enrayer ce handicap de la rigidité de la mâchoire, c'est de se familiariser avec le répertoire d'agilité et de virtuosité, celui des anciens Italiens ou des classiques. Parmi ces derniers, je pense surtout à Händel, à Mozart, à Cimarosa, à Gluck, sans oublier leurs héritiers Rossini, Bellini, Donizetti.

On trouve dans cette écriture une gymnastique vocale qui ne tolère aucune rigidité si on l'exécute strictement, comme il se doit. Le professeur aura soin de graduer les difficultés selon les progrès de l'élève. Ce régime vaut pour tous les genres de voix. Le répertoire classique, parce qu'il doit être exécuté avec la plus grande précision instrumentale, exige et développe une émission libre, flexible, capable d'une agilité précise aussi bien que d'un legato impeccable. La relaxation de la mâchoire est la première condition requise pour atteindre cet objectif.

Chanteurs virtuoses s'il en fut, Caffarelli et Farinelli sont encore considérés comme des demi-dieux. Ils ont eu l'avantage de faire carrière avec un répertoire composé uniquement d'œuvres baroques et classiques, notamment celles de Porpora, de Hasse, de Händel, dont l'écriture est un baume pour la voix. La virtuosité, l'agilité, la grâce, les prouesses et les déploiements vocaux de toutes sortes caractérisent leurs compositions. Ce menu quotidien des chanteurs de l'époque constituait non seulement la source de la beauté de leur chant, mais aussi une assurance de santé et de longévité vocales. C'est encore et toujours dans ce répertoire que le chanteur doit puiser sa vraie formation et son conditionnement au cours de sa carrière.

Nombre d'opéras toujours à l'affiche exigent encore aujourd'hui une telle virtuosité, notamment ceux de Rossini, de Bellini, de Mozart et même de Richard Strauss. Pour chanter le rôle d'Arnold dans *Guillaume Tell* de Rossini, il faut non seulement une voix puissante, dramatique, avec un aigu éclatant, mais aussi une grande souplesse dans les vocalises qui s'y succèdent.

J'ai eu la bonne fortune de partager la scène avec Birgit Nilsson et Eileen Farrell, deux voix éminemment dramatiques. Ces artistes maniaient l'écriture vocale « de bravoure » avec une étonnante facilité et beaucoup de précision. En plus de chanter Wagner, elles interprétaient régulièrement Mozart et Händel. Le ténor allemand Windgassen qui, pendant des années, fut le plus remarquable interprète du rôle de Tristan de l'opéra *Tristan et Iseult* de Wagner, n'a jamais cessé de chanter Tamino de *La Flûte enchantée* de Mozart. Pavarotti, à l'âge de cinquante ans, chante encore le rôle d'Idomeneo dans l'opéra du même nom, de Mozart. On ne saurait citer de meilleurs exemples pour dire l'importance du répertoire classique dans la culture de la voix.

Aujourd'hui malheureusement, on a tendance à négliger ou même à mépriser les œuvres qui requièrent de la virtuosité, de l'agilité, sauf pour la formation des coloratures et des ténors légers. Quel que soit le genre de voix, la souplesse de l'émission est à la base de la bonne culture vocale. Si bien que le chanteur qui, malgré l'exécution d'un certain répertoire de virtuosité, n'arrive pas à libérer son émission ni à obtenir un minimum de flexibilité doit conclure que sa pose de voix est foncièrement incorrecte.

Le chant est le mariage du son et de la pensée

> *Chanter des gammes ou des exercices n'a jamais formé un chanteur et n'en formera jamais un.*
>
> CORNELIUS L. REID

La souplesse vocale, la virtuosité, la voyelle pure et le son libre sont les éléments fondamentaux de l'étude du chant. Mais celle-ci repose-t-elle sur les vocalises ? C'est une méthode de moins en moins généralisée et très avantageusement remplacée par les morceaux de bravoure.

La jeune génération de chanteurs ne se montre pas particulièrement enthousiaste pour les exercices interminables et assommants de Concone, de Marchesi, de Panofka et d'autres. Je ne leur en tiendrai pas rigueur. Ces exercices en série conduisent vite à la monotonie, à la routine, à l'ennui, à une exécution machinale, en plus de borner l'imagination et la sensibilité. Il est illusoire d'attendre des avantages de cette sorte d'exercices.

Déjà Francesco Lamperti (1813-1892) était d'avis que les nombreux livres d'exercices vocaux étaient superflus et, le plus souvent, dommageables plutôt que bénéfiques.

La préface de l'édition Schirmer des *Cinquante leçons-exercices* de Concone contient le conseil suivant : « Toutes les vocalises devraient être chantées sur la voyelle italienne *A,* large et ouverte. » Je clame : Halte là ! Je signale un sérieux danger. La fixité dans l'emploi d'une seule voyelle chantée aboutit rapidement à une contraction, à une rigidité de la région pharyngienne et buccale. Un autre danger évident sera d'adopter inconsciemment un *a* plat sans harmoniques, logé au fond de la gorge. Avec chaque voyelle, il faut savoir appliquer cette règle d'or des bel cantistes : le *chiaro-scuro,* c'est-à-dire le mélange des nuances claires et sombres. Cela est particulièrement important pour les chanteurs francophones qui écrasent régulièrement le *é,* et amincissent leur timbre et leur qualité vocale.

Les voyelles pures contribuent chacune à leur façon à donner au timbre de la voix soit plus d'acuité, soit plus de largeur et de portée, soit encore plus de velouté, et le reste. De l'alternance de ces diverses voyelles résulte une émission variée, colorée.

Si l'on voit la nécessité de recourir parfois à des vocalises, il faut à tout instant, au cours d'une même phrase musicale, changer la palette sonore grâce aux diverses voyelles.

Qu'aurait dit *signor* Lamperti s'il avait lu un traité d'art vocal paru en France au cours des années 1950 ? L'ouvrage propose une vingtaine d'exercices devant être exécutés d'abord sur la voyelle *è* et… « la langue tirée, fermement tenue hors de la bouche à l'aide d'un mouchoir ». Reconnaissons que c'est probablement là la véritable technique pour apprendre à bêler !…

Le but des exercices devrait consister en une bonne coordination de toute la musculature du geste vocal, clef de la pleine résonance de la voix, de la pureté et de la coloration de la voyelle. Or les éternelles répétitions des exercices-études, particulièrement sur la même voyelle, ne peuvent que donner des résultats très vaguement satisfaisants. Nombre de jeunes chanteurs du passé ont peiné pendant des mois et sans réel profit sur ces exercices de Concone et autres. Mais c'était la marche traditionnelle à suivre si on voulait cultiver sa voix.

On sait que les grands maîtres de l'époque du bel canto composaient quelques exercices ainsi que des arias pour les besoins de chaque élève. Ces œuvres, faites d'abord de mélodies faciles pour favoriser le legato, contenaient ensuite également des passages d'agilité progressive. Le processus demeurait le même pour chaque étudiant, pour chaque catégorie de voix. De sorte que tous développaient les même habiletés, tous devenaient des virtuoses.

Ce style d'airs de bravoure a naturellement trouvé sa place d'honneur dans les opéras de l'époque classique et du début du XIXe siècle. Songez que chaque personnage du *Barbier de Séville* de Rossini, par exemple, entre en action avec une exhibition vocale de taille. La scène la plus spectaculaire du rôle de Rosine n'est autre que la leçon de chant du deuxième acte. Y est exécuté soit l'air composé par Rossini, soit un autre air, éblouissant d'arabesques musicales, dans la grande tradition du bel canto.

Les compositeurs d'opéras de notre siècle ont presque totalement rompu avec cette précieuse tradition.

Si l'émission du jeune chanteur au début de ses études semble à peu près normale, satisfaisante, c'est-à-dire sans handicap majeur, quelques brèves vocalises articulées pour éveiller la voix doivent être tout de suite suivies par les vocalises graduées à l'intérieur de compositions. Les œuvres des anciens Italiens et des compositeurs classiques contiennent les vocalises les plus profitables. (Voir à ce sujet le chapitre sur le répertoire.)

C'est ici que nous entrons dans le cœur même de la musique vocale et des éléments constitutifs du chant. De la seule mécanique du son chanté, on passe à l'art du chant.

Ces compositeurs ont inclus dans leurs œuvres tous les modèles d'exercices possibles, aux difficultés progressives selon le choix du morceau. Les détails relatifs à l'interprétation, au phrasé, à la dynamique et, bien entendu, aux paroles engagent nettement l'élève à embellir son chant. Dès le début de ses études, le jeune chanteur doit se nourrir de la meilleure musique. La qualité de celle-ci inspirant l'interprète, il produira de plus beaux sons.

Bref, il est de toute première importance de développer simultanément la voix et les dons d'interprétation du jeune chanteur. Même avec une simple bergerette.

Chanter est un geste mental autant — sinon plus —

que physique. Tout son doit avoir une couleur, une intensité, une expression. L'intelligence crée ce son. Le mot, la parole engendrent ses caractéristiques. Jean de Reszké, professeur et interprète admirable, affirmait : « L'émission, la diction et l'interprétation doivent être enseignées simultanément. Après quelques simples vocalises sur de pures voyelles, on doit procéder avec des phrases d'airs ou des mélodies dans des langues différentes. »

La mécanique vocale doit toujours être déclenchée par l'imagination, l'inspiration et la sensibilité. L'art du chant, comme tous les arts, vise essentiellement à l'idéalisation. Les exercices mille fois répétés machinalement n'ont jamais conduit au chant artistique. Celui-ci s'exprime à travers la musique, qui représente la beauté sonore. La musique doit donc primer sur le son seul, qui se résume souvent à des bruits.

Quoique importante, la technique n'est qu'un moyen pour atteindre une fin : elle ne concerne que le son. La couleur de ce son, l'interprétation et le style jouent un rôle d'égale valeur. Il est indéniable que la recherche de l'expression artistique et de la couleur du timbre contribue largement à la production de la bonne émission, de la bonne technique.

Un jour, Karajan discutait de technique avec le grand violoncelliste Rostropovitch. Celui-ci de dire : « Je ne joue pas d'ici (en désignant ses doigts), mais d'ici (en se touchant le front). »

La conclusion semble évidente : la répétition de gammes, d'arpèges ou de triolets ne forme pas un chanteur. Elle n'a même pas l'avantage de faire acquérir la discipline rythmique essentielle dans un air détaillé.

Le chant est avant tout le mariage indissoluble de la pensée et du son. La musique inspirée — non les exercices arides — est la source de sa beauté. Chanter la plus simple des grandes œuvres non seulement incite à poursuivre la qualité vocale, mais surtout donne la joie de côtoyer les plus grands génies.

« La routine transforme le temple de l'art en une usine » (Busoni).

CHAPITRE 2

L'émission libre, pilier fondamental du chant expressif

> *La liberté du son représente le pilier fondamental sur lequel on établit le parfait mécanisme de l'émission.*
>
> MARAFIOTI, auteur de la méthode de chant de Caruso

L'enseignement du chant a, depuis toujours, donné naissance à une pléthore de prétendues techniques, de trucs destinés à contrôler ce geste naturel. Loin de moi l'intention d'en suggérer un seul autre. Bien au contraire. J'espère démontrer que les possibilités de tous ces manèges artificiels et illusoires pour discipliner la voix sont fort limitées ; ils peuvent même la ruiner.

Le jeune chanteur pourra alors analyser la méthode qu'il a suivie jusqu'ici dans ses études vocales et en corriger certains aspects dont il n'est pas tout à fait satisfait.

Chanter résulte de la combinaison de plusieurs systèmes. Il y a d'abord et avant tout le système mental conscient et le subconscient, ce dernier comprenant les réflexes ou stimuli. Puis viennent les systèmes respiratoire et vibratoire (les cordes vocales), celui des résonateurs pharyngiens et buccaux de même que les sinus ; enfin le système de l'articulation. En résumé, l'action conjuguée de ces divers systèmes active le système auditif.

Un acte volontaire précis ou l'application d'une technique qui contrôlerait l'un ou plusieurs de ces systèmes cohérents au cours de fractions de seconde dans l'acte chanté est de toute évidence impensable, utopique. La coordination suprême de tous ces systèmes part du concept mental secondé par les réflexes. Mais la tentation d'intervenir par un contrôle musculaire réfléchi est toujours présente et très forte.

Le jeune chanteur en formation doit constamment tenir compte du fait que son mécanisme vocal opère dans une unité, dans un tout collectif. L'heureuse coordination de la multitude de muscles de ce mécanisme ne peut s'établir si le chanteur tente d'en contrôler un directement, par exemple la langue. La moindre variation de la position naturelle de celle-ci altère la cavité de la bouche et la nature du timbre de la voix. La base de la langue est très volumineuse et peut remplir le couloir pharyngien. On n'a pas de contrôle direct sur le larynx ; il suit normalement les mouvements de la langue qui, elle, obéit à notre volonté. Si elle recule, elle couvre le larynx et donne un son guttural, étouffé. Si elle s'avance, elle hausse le larynx et produit un son étriqué. Quand elle ne sert pas à articuler, la langue doit tout simplement reposer sur le plancher buccal, passive et sans contrainte.

L'insistance sur une technique particulière dans la culture vocale a pour résultat en général de centrer l'attention de l'élève sur un point localisé de son mécanisme de phonation. Ce peut être : le palais mou, une position de la langue, les lèvres en trompette ou en position de sourire, le contrôle du diaphragme, les muscles du dos et le reste. Il en résulte un déséquilibre dans l'ensemble des composantes du mécanisme vocal, dont chacune a un rôle bien précis et demeure toujours solidairement unie aux autres composantes. Ainsi une mâchoire avancée ou rentrée perturbe sérieusement l'ensemble des résonateurs.

Au cours d'une interview publiée dans l'*Opera News* du 22 janvier 1994, le chef d'orchestre bien connu Richard Bonynge, mari de la célèbre Joan Sutherland, affirmait : « Je crois qu'on parle beaucoup trop de technique, qu'on y attache trop d'importance. Les chanteurs — pas seulement ceux qui visent au bel canto — devraient avoir une technique aussi simple que l'abc. Une analyse au microscope de la technique vocale sur les plans anatomique et physiologique ne peut que créer une sérieuse confusion. Rossini demandait le chant sans effort. De fait, toute la technique vocale repose sur la respiration sans effort. »

Le paradoxe le plus déconcertant dans l'enseignement du chant vient d'une certaine satisfaction que ressent l'élève dans le contrôle localisé de son émission. (Quelle splendide motivation pour les inventeurs de trucs!...) L'élève est ainsi assuré qu'il se passe quelque chose, qu'il est maître de son geste chanté. Il n'a pas encore compris — ou on a négligé d'essayer de lui faire comprendre — que la totale coordination du mécanisme de phonation dans son fonctionnement naturel et libre est insensible, indéterminable et, pour ainsi dire, désincarnée. Le vrai phénomène chant reste toujours inexplicable, car son mécanisme est à la fois mental, réflexe et musculaire.

Si son émission est naturelle, donc physiologiquement coordonnée et bien extériorisée, le chanteur ne ressent aucune action locale. Sa voix s'épanouit en dehors de lui et lui coûte peu d'effort. S'il cède à la tentation de forcer sa voix, à l'opéra par exemple, c'est-à-dire dans une grande salle et avec un large accompagnement orchestral, il obtiendra plus de sonorité à l'intérieur de lui-même. Il ne sera pas mieux entendu du fond de la salle et il tombera dans le chant vociféré plutôt que d'obtenir une émission riche en résonance et en ampleur.

L'émission libre, issue du fonctionnement naturel des systèmes de phonation, et la pureté de la voyelle constituent les deux piliers de l'enseignement vocal, de la beauté du chant. Il faut noter la corrélation entre la liberté du son et la pureté de la voyelle : l'une engendre l'autre. Impossible de donner une voyelle pure avec une gorge serrée, tendue, avec une émission gutturale. Dès le relâchement, la pure voyelle se révèle. Du même coup, en cultivant la pure voyelle, on finit par éliminer certaines tensions et par favoriser la coloration dans l'émission.

Quand les résonateurs, activés en toute liberté, s'unissent à la pureté de la voyelle, le plein potentiel d'une voix émerge avec éclat. Voilà la saine et vraie technique.

Les mécanismes effecteurs du chant sur lesquels on n'a aucun contrôle

Chantez moins, pensez davantage.

ANONYME

Dans le premier chapitre, j'ai insisté sur l'importance de l'image mentale dans l'acte chanté. Malheureusement, de nos jours, l'étude de l'art vocal est trop souvent orientée vers le son seul, particulièrement vers le volume de ce son. À cette fin, on impose au mécanisme de la jeune voix un fardeau destructeur, un fonctionnement sans causalité normale, logique.

Le chant le plus naturel et, bien entendu, le plus expressif jaillit au moment où le chanteur décide tout simplement de chanter sans se préoccuper d'abord d'une action localisée, surtout hypothétique, de son mécanisme vocal.

Puisque, en chantant, nous ne ressentons aucune sensation des diverses fonctions des muscles, ligaments et cartilages de notre mécanisme vocal, et que leur efficacité n'est jugée que par l'oreille, il est totalement futile de concentrer notre attention sur l'un d'eux. Leur identité fonctionnelle dans l'action nous échappe totalement. Comme l'écrivait l'éminente Emmy Destinn, « il faut chanter comme si l'on n'avait pas de gorge ».

La voix, c'est-à-dire les cordes vocales en elles-mêmes, n'est pas un mécanisme autonome, mais un système exécuteur. Le cerveau perçoit d'abord le son dans une certaine tonalité, une certaine intensité, une couleur de voyelle déterminée par le mot. Puis il donne les commandes au mécanisme de phonation par l'intermédiaire des réflexes ou stimuli. Et le chant est né. Sa qualité et son expression ne sont possibles que grâce à ce processus. Autrement, c'est un cri animal qui jaillit.

Voici ce qu'a écrit Beniamino Gigli, le prince des ténors : « Chez moi, le passage d'une voyelle à une autre se fait mentalement. Je ne m'arrête pas à l'aspect physique de ce passage, mais uniquement à la fusion intérieure des voyelles. Quand ma pensée est claire et juste, la transformation s'opère avec précision. Avant tout, mon chant se crée dans ma pensée. Il faut qu'il en soit ainsi. Tout ce que fait l'homme dans ce monde résulte de la pensée, humaine et divine. »

Essayer de placer le son chanté ici ou là, par le contrôle de ceci ou de cela, chambarde automatiquement l'un des systèmes cohérents mentionnés plus haut. C'est le déséquilibre dans l'émission. Orienter obstinément le son « dans le masque » — leitmotiv de tant de professeurs — risque de créer un serrement de la gorge, d'aboutir à la nasalité, de restreindre la participation des autres résonateurs, de centrer l'acte chanté sur le son seulement, en plus de reléguer au second plan la motivation première du chant, qui est la primauté de l'expression musicale et poétique de la composition. Ce rôle ne peut être assumé que par le cerveau.

« Le professeur de chant doit éviter d'empoisonner l'esprit du jeune chanteur avec des théories telles que le contrôle du souffle, la division artificielle de la voix en différents registres, le développement du diaphragme et des muscles intercostaux (dont on n'acquiert le renforcement qu'avec les années et non par des procédés antinaturels.) Toutes ces théories traditionnelles ont des consonances de doctrines scientifiques mais, en réalité, ne riment à rien, par rapport aux lois physiologiques de l'émission vocale » (Marafioti).

La primauté de l'image mentale dans le chant

En une minute, le pianiste peut fort bien jouer cent notes précises et plus, dont certaines simultanément, sans jamais se préoccuper du ton de chacune ni se créer une image mentale pour obtenir ce ton. Celui-ci est inhérent à la note du clavier. Le chanteur, lui, a un tout autre défi à relever. Il doit concevoir une image précise du ton, de la couleur, de l'intensité de chaque note qu'il chante sans oublier les paroles, même dans les passages à vocalises. Bien des chanteurs, même s'ils ont la capacité vocale nécessaire pour exécuter ces vocalises, demeurent incapables de virtuosité. L'enchaînement rapide des images mentales qu'exige cette écriture leur manque.

Une fois les caractéristiques précises du son bien perçues dans l'image mentale du chanteur, le premier rôle de cette image est celui de déclencheur des réflexes. Ceux-ci provoquent une réaction motrice immédiate, involontaire, d'un organe effecteur ; dans le cas présent, il s'agit du geste chanté. Le ton, la couleur de la voyelle, le volume et l'intensité de ce geste chanté découlent donc d'un fonctionnement psychique, à travers ces réflexes d'où tout autre contrôle des organes vocaux doit être exclu. La nature intrinsèque du chant, prolongement de la parole, n'accepte pas plus de contrôle mécaniste que celle-ci.

De toute évidence, il est vain de croire que la musculature qui tend les cordes vocales pour obtenir un son, une couleur, une intensité, ou celle qui ajuste la cavité pharyngienne pour une résonance désirée, obéit à un acte volontaire, à un contrôle arbitraire. C'est l'indéfinissable instinct du chanteur qui accorde ce miraculeux instrument.

Dans son remarquable ouvrage *On Studying Singing,* Sergius Kagen insiste : « Aucun chanteur ne peut directement contrôler les muscles de son système de phonation, par une gymnastique quelconque. Il doit cependant apprendre à contrôler les facteurs mentaux qui coordonnent, gouvernent et dirigent ces muscles. »

Exemple. Si vous avez besoin de prendre une bonne aspiration (facteur mental), laissez tout simplement le diaphragme répondre aux réflexes qui exigeront automatiquement l'appui respiratoire nécessaire, selon la tessiture, l'intensité, la longueur de la phrase. Mais n'allez pas tenter inutilement d'imposer un mouvement volontaire et direct au diaphragme. Il en deviendrait rigide.

Le jeune chanteur qui aspire à l'excellence dans l'art du chant doit rejeter toute fausse conception de l'émission fondée sur des techniques illogiques et s'en tenir à son chant naturel fait de spontanéité et d'aisance.

Les mécanismes effecteurs du chant qui obéissent à un contrôle volontaire

Cependant, un contrôle physiologique direct et volontaire est possible, et souvent souhaitable, sur la mâchoire, la langue, les lèvres, l'articulation et, partiellement, le diaphragme. (Voir le chapitre sur le souffle.) Mais ce ne sont là que des organes auxiliaires : ils ne contribuent que marginalement à la nature du son et nullement à son concept.

Seule l'image mentale précise du son que le chanteur veut produire va orchestrer d'admirable façon le plus complexe et le plus merveilleux mécanisme de phonation, pour en arriver à l'émission expressive. *Dès lors, la formation mentale du chanteur requiert autant sinon plus d'attention que sa formation organique.* Comme aucune des composantes microscopiques du mécanisme vocal n'obéit à un acte volontaire, ce sont évidemment les automatismes ou les stimuli qu'il faut discipliner grâce à l'image mentale.

J'ouvre ici une parenthèse avec deux exemples qui illustreront le rôle capital de l'image mentale du son que le chanteur veut obtenir. Le lecteur francophone aura sans doute été maintes fois choqué par le massacre qu'infligent les chanteurs étrangers, surtout nord-américains, au répertoire français. Je suis sûr que ce n'est pas par mauvaise volonté que ces interprètes tombent dans le baragouinage, encore moins par incapacité vocale. La raison évidente, c'est l'impossibilité dans laquelle ils se trouvent de se faire une image mentale claire des mille et une nuances de notre capricieuse langue. Sauf pour de très rares exceptions, ces subtilités échappent aux étrangers.

Ils ont beau se contorsionner les lèvres, la langue, le visage, la vraie couleur du *u* pour les anglophones par exemple, ou du *eu,* demeure insaisissable. Pour eux, Debussy sera à jamais Debioussy, et Richelieu restera Richelou.

C'est dire que même une position adéquate des lèvres et de la langue ou toute autre technique musculaire ne produiront pas automatiquement la voyelle désirée si celle-ci n'est pas déjà précise dans la pensée.

L'interprète non francophone incapable d'obtenir la voyelle adéquate dans le contexte de son chant en français, c'est-à-dire une certaine exactitude de la sonorité du texte, ne saura jamais qu'effleurer le style ou l'essentiel de ce répertoire. De là le « massacre » mentionné plus haut.

La raison en est que, sauf dans le chant décoratif et dans les arabesques vocales, partout le mot constitue le secret du chant nuancé, expressif, grâce à sa couleur et à son intensité. Le mot en lui-même est déjà une musique. L'image mentale préside à leur fusion. (J'insisterai davantage sur ce point dans le chapitre portant sur l'interprétation.)

Dans une lettre à l'éditeur Breitkopf und Härtel en date du 28 janvier 1812, Beethoven écrivait : « Si un mot inadéquat peut gâcher la musique, et c'est fort possible, on doit conclure avec satisfaction que les mots et la musique ne font qu'un. »

J'avoue que l'unique et fondamentale inflexion du mot français dans son cadre musical présente un sérieux défi. Ce qui faisait dire au musicologue Conrad Osborne que seuls les chanteurs qui évoluent « à l'intérieur de la langue française » sont aptes à réussir une interprétation juste de la littérature vocale dans la langue de Molière.

Il reste que ce défi est, à l'occasion, admirablement surmonté par des chanteurs d'une origine étrangère à la culture française. Je pense tout particulièrement à madame Elly Ameling. De toute évidence, cette admirable artiste a longuement besogné à sa formation artistique autant sinon plus qu'à sa formation mécanique. (Voir plus haut.)

D'autre part, et cette fois sur le plan musical, la plupart des chanteurs, quelle que soit leur langue maternelle, font face à un défi semblable dans la musique atonale, c'est-à-dire celle qui déroge au système harmonique traditionnel. L'image sonore de cette écriture moderne se précise beaucoup plus lentement dans l'oreille et dans la pensée du chanteur. Elle se révèle même impossible chez bon nombre d'interprètes.

Je poursuis ici ma parenthèse pour fustiger le chanteur qui, debout devant le clavier, chante à pleine voix en pianotant les notes d'un morceau à l'étude. Voilà le plus bel exemple de ce qui signifie mettre la charrue avant les bœufs. Rien ne peut être plus négatif pour la santé vocale. Le chanteur exige de la sorte un rendement de sa voix sans la moindre directive mentale. En l'absence d'une image musicale et poétique de la composition qu'il tente d'interpréter, le chanteur impose une tension et une irritation aux organes vocaux privés de gouvernail : à éviter à tout prix !

Le processus logique pour étudier un nouveau répertoire est d'en pianoter les notes en silence et de permettre ainsi à l'ordinateur audio-mental d'en enregistrer l'écriture musicale et poétique. On ne s'avise de chanter une œuvre lyrique que lorsque la mélodie, les paroles et quelquefois l'accompagnement ne laissent plus de doute. Après quoi l'étude strictement vocale sera grandement simplifiée.

Si par malheur le jeune chanteur ne réussit pas à se faire une image précise et constante du son qu'il doit obtenir, et ce, même pour les langues étrangères de base, ce n'est pas l'enseignement qui la lui donnera. Cette aptitude se nomme : instinct vocal et musical, intuition, talent, justesse d'oreille et que sais-je encore… On l'a ou on ne l'a pas !

Ce qui reste introuvable, c'est une technique de chant qui réussirait à suppléer à l'image mentale dans la coloration et l'expressivité du timbre. Le larynx, à l'origine du son, n'obéit qu'aux réflexes émanant de l'imagination du chanteur, de son image mentale. Sans elles, un chanteur est condamné à chanter faux en intonation et faux en interprétation. Cet aspirant à la carrière lyrique n'a que peu de chances de succès, même au prix de longues années d'études et de sacrifices.

Il faut bien se persuader que l'art du chant réside bien au-delà d'une gymnastique musculaire. La trop grande préoccupation du mécanisme de la voix en chant ou l'attention exagérée portée sur une de ses composantes amènent le chanteur à conclure que seule la musculature alimente le son, alors que seule la pensée le fait. Sans cette dernière, le chant est réduit à une suite de sons inexpressifs.

Malheureusement, dès le début de ses études, le jeune chanteur est constamment appelé à contrôler ceci ou cela : sa langue, ses lèvres, son palais mou (la luette), son souffle et le reste. Très tôt, il se perd dans un engrenage de contraintes localisées dont il devient à jamais esclave. Plus il multiplie les contraintes, donc les tensions, moins libre est son émission. Son chant devient forcé, poussé, strident. Il en arrive à un point où le renoncement à ses contrôles lui semble impensable. Ils sont devenus pour lui des béquilles essentielles, et il s'entête sur ce sentier de perdition. Il finit par croire que c'est là une technique, que dis-je, *la* technique.

Les contrôles freinent inévitablement l'émission libre, seule clef du geste vocal naturel et du rendement maximal du mécanisme de phonation. Le chanteur doué d'une jolie voix naturelle n'a nullement besoin de contrôles-trucs pour son développement.

La règle d'or est la recherche de la facilité du chant, grâce à la spontanéité. Le temps se chargera d'accorder au chanteur toute la vaillance, la force, la portée, l'expressivité dont ses cordes vocales sont capables. La première qualité que l'on admire chez un chanteur ou une cantatrice de classe, c'est la facilité avec laquelle il ou elle communique son art achevé. On n'atteint pas cet idéal en un jour. Encore moins par des moyens factices.

Le jeune chanteur doit comprendre que le développement de sa musculature laryngienne ne se fera que progressivement. Le chant naît d'un concept mental, mais il se concrétise dans une participation musculaire complexe, ce qui exige une certaine qualité athlétique. Or, le plus modeste athlète se développe lentement. Même chose pour la voix. Si la musculature normale du mécanisme vocal n'est pas suffisamment développée, renforcée au moment où le chanteur assume un rôle d'opéra par exemple, une autre musculature, anormale celle-là, devra compenser. Ainsi naissent les fausses et ruineuses tensions, sources du chevrotement.

La spontanéité de l'émission libre, je l'ai déjà mentionné, exige la relaxation de toute la musculature de la mâchoire, de la bouche et du pharynx. Le chanteur doit avoir le courage de renoncer à certains contrôles acquis de ses composantes, pour laisser sa voix s'échapper, s'envoler, grandir sans contrainte. Elle se révélera sûrement d'une meilleure qualité et d'une plus grande portée. Seul, rappelons-le, le mécanisme vocal proprement dit, c'est-à-dire le larynx lui-même, opère sous une tension forte mais rationnelle.

On demandait un jour à Janet Baker, l'admirable mezzo anglaise, de résumer l'enseignement vocal qu'elle avait reçu de son professeur Helen Isepp, de Londres, avec qui elle avait étudié quelques années. Elle répondit : « Oui, je peux facilement le faire, et ce, par un seul mot : relaxation. » En d'autres termes, on lui avait enseigné la recherche d'une émission totalement libre de tension, de rigidité, de crispation. Une émission en somme que seule la rigoureuse observance des lois naturelles peut obtenir sans technique issue de prémisses gratuites.

« La pratique d'une technique n'est pas aussi importante qu'une technique de pratique », disait Schubert.

Évidemment, la relaxation totale est un non-sens. Il ne faut pas tomber dans l'inertie. Tout acte physique résulte d'une harmonieuse tension musculaire. Chanter, on le sait, suppose la coordination d'une multitude de muscles. Il faut s'assurer de leur fonctionnement sans constriction pour obtenir la plus généreuse *vibrazione*, selon l'enseignement des maîtres italiens.

La tension et la rigidité dans l'acte vocal trouvent généralement leur cause dans un contrôle négatif, paralysant. La précision de l'image mentale du son chanté favorise justement l'oubli de l'application d'un contrôle superflu, et évite ainsi les tensions localisées.

Le meilleur moyen d'obtenir la relaxation du mécanisme vocal, c'est de commencer par un généreux geste respiratoire, surtout l'aspiration. C'est la philosophie du yoga qui invite à la détente mentale et musculaire. Cette philosophie donne des résultats tout aussi bénéfiques dans le chant.

CHAPITRE 3

Chanter avec ampleur

Voici une définition de l'ampleur dans l'exercice du chant : l'art de faire résonner l'espace aérien dans lequel le chanteur s'exécute. En d'autres termes, chanter avec ampleur consiste à faire vibrer tout cet espace grâce à l'ampleur ou à la pleine sonorité de ses propres cavités ou résonateurs. Ajoutons encore plus simplement : chanter avec ampleur signifie chanter dans et avec la salle, en activant son acoustique. Bref, chanter en dehors de soi plutôt que dans sa poitrine, dans sa gorge ou dans son nez.

Cultivez l'ampleur de la voix plutôt que la force

Un exemple familier à tous : cette voix de stentor qu'on se découvre dans la baignoire ou sous la douche.

Là, sans effort, le moindre son chanté remplit complètement cet espace étroit, prend une ampleur étonnante : la voix semble décuplée. Cet exemple à échelle réduite donne quand même une idée du phénomène de l'ampleur que doit exploiter le chanteur dans une grande salle. Souvenez-vous que votre voix joue son rôle de communicateur à distance dans la salle, loin, profondément. Celle-ci devient le prolongement de vos propres résonateurs. Elle se transforme en une sorte de porte-voix amplificateur. Comme l'ampleur seconde et facilite le chant, on peut tirer de celui-ci de plus grands effets avec beaucoup moins d'efforts.

Ainsi, l'ampleur donnera l'impression d'une plus généreuse résonance à une voix plutôt légère. Rechercher l'ampleur éveille toutes les cavités de la voix, surtout les pharyngiennes, et contribue à ce son libéré, projeté, lancé, qui vole vers sa cible, l'auditeur. Cette recherche de l'ampleur a également le précieux mérite d'exclure la force dans le geste chanté. L'ampleur naît seulement du son libre. (Celui-ci a fait l'objet du chapitre précédent.)

Ne mesurez pas la puissance de votre voix à l'effort qu'elle vous coûte

Il faut déplorer un paradoxe dans la culture traditionnelle de l'art vocal : l'enseignement du chant se fait habituellement dans les étroits studios d'un conservatoire, ou bien chez le professeur, où meubles, tentures et tapis absorbent la résonance et suppriment toute ampleur. L'élève, dans ces conditions, a l'impression que sa voix tombe à ses pieds. Il ne dispose d'aucun retour du son qu'il a émis, il ne dispose d'aucun recul pour juger de la véritable portée et de la sonorité de son émission. Il est comme le tireur qui aurait les yeux sur la crosse de son fusil plutôt que sur la cible. En réalité, dans un tel espace-étouffoir, le chanteur croit ne pas avoir de voix. Sa première réaction est de forcer sa voix, croyant qu'il en améliore ainsi la qualité et la puissance.

Pour illustrer à quel point l'ampleur peut être un précieux auxiliaire du chant, je me permets de relater ici une inoubliable expérience personnelle et concluante. En 1959, à Hilversum, cité de l'industrie radiophonique en Hollande, ma femme Pierrette Alarie et moi-même avons enregistré pour la Guilde internationale du disque : *a*) l'opéra intégral *Carmen,* Pierrette dans le rôle de Micaela et moi dans celui de Don José ; *b*) les soli de la *Messe en si mineur* de Bach ; *c*) un microsillon de huit duos et airs d'opéra et de concert, de Mozart, enregistrement qui a remporté le Grand Prix du disque de l'Académie Charles Cros de Paris. Tous ces enregistrements ont été réalisés en huit jours exactement.

Avant que nous nous y attaquions, ce projet nous semblait une pure aberration. Les séances d'enregistrement ont eu lieu dans une petite église désaffectée et transformée en studio d'enregistrement dont l'acoustique était une merveille. En projetant notre voix avec aisance et ampleur, nous sentions l'enceinte entière vibrer comme la boîte d'un violon et devenir le prolongement de nos propres cavités de résonance.

Nous pouvions multiplier les nuances à l'infini, parce que notre chant jaillissait sans effort, libre, ample. Nous chantions « avec » la salle, sans ressentir le besoin de forcer pour la remplir. Chanter dans ces conditions nous procurait une incroyable satisfaction. Les séances d'enregistrement de trois heures chacune se succédaient au rythme de deux par jour, sans que nous éprouvions la moindre fatigue vocale. Seule une lassitude générale a suivi ce marathon. L'exploit aurait été impossible dans l'étroit studio, habituellement capitonné, d'une station radiophonique.

Nombre de théâtres européens d'opéra, de dimensions moyennes, procurent la même satisfaction à l'artiste lyrique. Ces salles favorisent le chant en ampleur et toutes les subtilités de l'interprétation. On chante dans un petit théâtre, il faut hurler dans un grand.

Notre mécanisme de phonation s'adapte admirablement à la projection exigée pour remplir de grands espaces, dans certaines limites et certaines conditions, bien entendu. Le regard vise le but que doit atteindre notre voix ; l'appareil vocal s'accommode, quitte l'appui en poitrine ou en gorge, ouvre toutes grandes les sonorités buccales ; bref, le son vole vers son but.

Il importe donc pour le jeune chanteur de vivre une telle expérience, de saisir chaque occasion de chanter dans de vastes espaces : grandes salles, endroits publics, églises et autres. Alors que le coureur s'entraîne dans l'arène, là où il fera face à la compétition, le chanteur, lui — paradoxe fort défavorable —, se forme en vase clos, alors qu'il devra emplir de grands espaces.

Vous aurez beau cultiver indéfiniment votre voix dans votre salon, seule l'exécution publique dans de vastes enceintes révélera et confirmera votre vrai potentiel de chanteur professionnel.

Je souhaite aux aspirants à la carrière de connaître des circonstances aussi favorables que celles dont j'ai bénéficié au cours de mes études à Montréal. Je fus soliste dans la vaste église Saint Patrick pendant au moins trois ans. En plus des offices des dimanches et fêtes, j'étais appelé, deux ou trois fois la semaine, à chanter aux funérailles, mariages, anniversaires, célébrations diverses. J'y recevais des honoraires modestes, oui ; mais l'immense nef de cette église, où je m'efforçais d'être entendu, m'a enseigné gratuitement à chanter avec ampleur, à projeter la voix sans forcer, surtout avec ce répertoire sacré. Arrivé à New York, à la poursuite de mes études et ayant toujours besoin d'argent pour payer mes cours, je fus encore engagé comme soliste pendant deux ans avec les mêmes responsabilités, à l'église Saint-Jean-Baptiste, rue Lexington.

Quel a été le résultat de ces expériences, pensez-vous ? Je n'ai jamais eu de surprise, par la suite, en me présentant devant les feux de la rampe des grandes salles.

Il va de soi que l'artiste lyrique professionnel ne chante pas pour le simple plaisir de chanter. Il veut communiquer un sentiment, faire entendre un beau son. Son auditeur, cependant, est dans une salle, à dix, vingt, trente mètres. Seule la portée de son chant bien extériorisé, secondé par l'ampleur, établira la communication désirée. Le chanteur formé en studio seulement demeure incapable d'adapter son geste vocal au vaste espace qu'il doit emplir de son ; la résonance et la projection dans le cadre de son exécution lui demeurent inconnues ; cette lacune freine sa formation.

Une condition sine qua non pour obtenir cette ampleur en chantant consiste, bien entendu, à éviter toute obstruction aux cavités de résonance pharyngienne et buccale, à supprimer toute grimace ou à ne pas écraser le son en forçant l'émission.

L'ampleur d'une voix est essentiellement conditionnée par le son libre, par des cavités pharyngienne et buccale bien dégagées, largement ouvertes.

On n'insistera jamais assez sur la nécessité d'éviter le recours à la force en chantant. Force n'égale pas puissance vocale et encore moins beauté. La moindre tension localisée fait une obstruction au bon fonctionnement du mécanisme de phonation. Il faut viser à l'ampleur en libérant ses résonateurs. Remarquez bien le geste de quelqu'un qui interpelle une personne à distance. Il dresse d'abord la tête, ouvre grande la cavité buccale — source de la portée du son — et accentue son articulation. Ce geste tout instinctif devrait inspirer le chanteur. Il favorise l'ampleur, accroît le volume aussi bien que la portée de sa voix, sans qu'il soit obligé de vraiment forcer. Bien entendu, il faudra également, tout au long de ce geste de phonation en ampleur, une bonne coordination musculaire naturelle, libre de toute rigidité ou crispation.

Toutes les voix diffèrent sur le plan du timbre, du volume, de l'étendue et de la portée. Mais toutes peuvent obtenir une meilleure ampleur, une meilleure articulation et, de la sorte, être mieux entendues dans une grande salle, par-dessus un orchestre s'il y a lieu.

Le chanteur qui espère trouver à l'intérieur de lui-même la clef d'une bonne projection de la voix sans compter sur l'ampleur devra se contenter d'une voix courte, à portée limitée, handicap de taille dans la poursuite d'une carrière à l'opéra. Le défi est inévitable : l'arène du chanteur se situe dans les grandes salles, dans les grands théâtres. Celui-ci doit savoir s'y défendre pour s'y illustrer.

Les méfaits de la technique du sourire, la *bocca ridente* pour les Italiens

Dans le cadre des observations sur le chant en ampleur, il faut signaler une certaine position buccale qui le contrecarre, soit la technique du sourire. Je parle ici d'un sourire plus ou moins permanent qui accompagne le geste chanté, quels que soient la voyelle ou même le registre. Un sourire artificiel, fabriqué, par opposition au sourire naturel et modéré qui se reflète même dans les yeux.

Ce sourire artificiel, préconisé par certains professeurs, a des effets négatifs, voire nocifs. Il soulève les joues, cause une rigidité des lèvres, remonte la partie arrière de la langue et avec elle le larynx, ce qui réduit les cavités pharyngienne et buccale de même que le couloir conduisant aux résonateurs aigus. Il rend impures les voyelles — comment, par exemple, rendre le son pur *ou* avec le sourire ? Et il est une entrave à la bonne articulation. Enfin le sourire fabriqué est généralement cultivé à l'aide de la voyelle *i,* qui tend à causer une constriction de la gorge. De plus, le sourire quasi permanent de l'interprète lui donne une expression fausse et niaise. Imaginez un peu Marguerite dans la scène de la prison de l'opéra *Faust,* de Gounod, qui chanterait selon la technique du sourire !

Voyons brièvement ce que disait la grande vedette Stella Roman sur la technique de la *bocca ridente.* Cette illustre chanteuse roumaine, « descendue de l'Olympe des grands chanteurs », comme on avait dit d'elle à l'époque de ses débuts au Metropolitan Opera au cours de la saison 1940-1941, interpréta un éventail incroyable de rôles. Elle chantait la Donna Anna du *Don Giovanni* de Mozart aussi bien que la Brünnhilde du *Siegfried* de Wagner. Elle connut cependant des épreuves inquiétantes au début de sa carrière. Dans une entrevue publiée en janvier 1942, elle déclarait : « Après avoir terminé mes études à l'Académie de Bucarest, je suis allée en Italie où j'ai étudié avec un professeur réputé et recommandé par d'autres chanteurs, mais qui a été nul pour moi. Il m'a enseigné la technique du sourire, c'est-à-dire l'ouverture en largeur de la bouche en chantant. Peu après, j'ai commencé à ressentir une sérieuse fatigue, sans avoir beaucoup chanté. Au bout de quelques mois, j'ai totalement perdu ma voix. Un laryngologiste m'a imposé un repos de six mois. Puis, sans professeur, j'ai recommencé à cultiver ma voix selon les principes qui me semblaient les plus naturels, les plus aisés dans le registre médian, sans forcer. »

Ce qui pourrait sembler un avantage — tout en étant trompeur — de l'ouverture souriante de la bouche en chantant, c'est qu'elle ajoute un certain éclat, un certain brio à la voix. Mais le son est légèrement strident, aigre, perçant. De plus, ce brio est de courte portée, car les résonateurs, limités par la réduction de l'espace buccal, réduisent l'ampleur de la voix. C'est bien connu, toute voix qui brille de près manque généralement de portée. Mais le professeur, dans son étroit studio, ne voit que le côté positif du sourire sur les lèvres du néophyte.

Cela ne fait aucun doute, l'ouverture de la bouche comme dans un léger bâillement favorise au maximum la sonorité des cavités pharyngienne et buccale. Cette position accorde la plus grande liberté à tous les résonateurs, source de la richesse et de l'ampleur du timbre. Elle relaxe également la musculature de la zone laryngienne.

Toute position artificielle des lèvres perturbe les principaux résonateurs et cause l'impureté des voyelles. Celles-ci, on le sait, jouent un rôle capital dans l'ajustement du mécanisme vocal. Non seulement la prétendue technique du sourire est une béquille inutile, mais aussi elle est trop souvent nocive.

CHAPITRE 4

Le souffle

Chi sa respirare sa cantare.
(Qui sait respirer sait chanter.)

Cette vieille maxime italienne, énoncée par le maître Celloni, contient une bonne part de vérité. Le chanteur, pourrait-on dire, joue d'un instrument à vent. Cet instrument comprend une soufflerie, c'est-à-dire les poumons, aussi appelés le moteur ; des vibrateurs, soit les cordes vocales ; enfin des résonateurs, c'est-à-dire l'espace pharyngien et buccal ainsi que les cavités nasales et les sinus.

Les résonateurs, on l'a déjà noté, sont principalement à l'origine de la couleur, de l'ampleur et de la beauté de la voix, plutôt que les cordes vocales elles-mêmes ; tout comme la richesse sonore du violon vient de la qualité de sa caisse de résonance plutôt que de ses cordes. Mais c'est le geste respiratoire qui demeure la pierre angulaire de la phonation, parole ou chant. En d'autres termes, le chant n'est autre chose qu'une expiration sonorisée.

En quoi consiste le savoir-respirer

Le savoir-respirer ne consiste surtout pas dans la possession ni dans l'utilisation d'une exceptionnelle capacité pulmonaire. La pratique du chant développe suffisamment le souffle ; mais celui-ci, même ample, n'enrichit pas nécessairement le chant. Pour la plupart des voix, il est superflu d'acquérir une force pulmonaire et diaphragmatique surabondante. Tout comme il serait inutile pour le violoniste d'avoir des bras de forgeron.

La beauté et la stabilité de l'émission ne sont pas le résultat d'une forte pression du souffle, mais de sa constante élasticité. Les grandes voix dramatiques, elles, sortent des larges poitrines, des larges pharynx et des larges cavités orales. Ces caractéristiques, on les a ou on ne les a pas. Bref, le savoir-respirer signifie ceci : savoir développer et exploiter ses dons d'une façon strictement naturelle, selon sa propre physiologie.

Au début de mes études vocales, j'étais conscient de l'insécurité de mon émission, surtout dans le médium aigu. J'étais convaincu que la cause venait d'un manque de bonne coordination respiratoire. Un jour, je demandai à mon professeur de bien vouloir me préciser la façon juste de respirer en chantant. Sans la moindre hésitation, il se frappa vigoureusement le bas de l'abdomen en déclarant : « On respire de là… » (fin de la démonstration !). Réponse on ne peut plus laconique, tout comme était on ne peut plus simple la théorie. Ce sympathique professeur n'était pas de ceux qui ont un tas de trucs dans leur sac pour enseigner le chant.

Au chapitre du souffle dans l'étude de l'art vocal, les procédés fantaisistes sont trop nombreux pour être énumérés ici. Je me limiterai à signaler le plus commun et en même temps le plus pernicieux : la respiration claviculaire.

Au cours de l'aspiration, le chanteur, selon ce procédé, soulève les épaules et le haut de la poitrine, causant ainsi une forte tension des muscles du cou et suscitant une émission gutturale. Ce qui est également nocif, c'est que ce soulèvement de la poitrine cause la montée du diaphragme, réduisant ainsi la capacité des poumons à leur base, précisément dans leur dimension la plus large. Cela provoque une aspiration incomplète, donc une émission incertaine, sans appui véritable, sans fermeté. Autre conséquence évidente : le chanteur ou la chanteuse, victime de cette méthode, sera toujours à court de souffle et incapable de tirer profit de la totalité de son potentiel vocal, sans compter que cette respiration claviculaire est inesthétique et gêne le jeu scénique. Seul un mécanisme respiratoire qui opère strictement selon les lois naturelles peut produire, en qualité et en intensité, le son maximal.

Le fonctionnement naturel du geste respiratoire

Ce geste comprend deux mouvements : l'aspiration et l'expiration.

a) L'aspiration. Elle introduit de l'air dans les poumons. (On l'appelle aussi l'inspiration.) L'aspiration dilate la cage thoracique et en augmente la capacité. En même temps, le diaphragme (large membrane qui sépare les poumons des viscères abdominaux) s'abaisse légèrement pour faire place à l'expansion descendante des poumons. Le souffle, ainsi distribué dans toutes les cavités pulmonaires, causera, en plus, une légère saillie juste au bas du sternum. Cependant, cette saillie ne devra pas s'étendre plus bas que le niveau de la ceinture.

Une aspiration naturelle mais généreuse, et surtout sans haussement des épaules, établit instinctivement un bon rapport, une belle coordination entre les poumons et le diaphragme (le moteur), le larynx (les vibrateurs) et la cavité buccale (le résonateur). Cette généreuse quantité d'air aspiré devient, pour ainsi dire, compressée par la musculature intercostale, grâce à l'expansion du thorax. C'est là la source d'énergie et de souffle qui va activer les vibrateurs (à l'origine du son).

Quand je parle d'une généreuse aspiration, je ne veux pas dire une quantité ample et démesurée d'air emmagasiné. Il en résulterait une rigidité de tout le mécanisme respiratoire et une trop forte pression sous-glottique qui compromettrait aussi la qualité du son et aboutirait, à brève échéance, au chevrotement.

Une voix bien menée et libre requiert d'ailleurs peu de souffle. Mais il est important d'aspirer pleinement et avec aisance jusqu'au niveau du diaphragme. C'est le diaphragme qui sert de base, de point d'appui du son, de sa qualité, de sa plénitude, et de sa stabilité quand il s'agit du chant lié, le legato. Aspirer pleinement m'apparaît comme le réflexe primordial dans le subconscient de tout chanteur. Il est normal qu'au cours d'exercices physiques — et Dieu sait si le chant en exige — on respire beaucoup plus profondément qu'en état d'inactivité.

Francesco Lamperti, l'éminent professeur de bel canto du début du XIXe siècle, fondait avant tout son enseignement sur l'étude de la respiration. Il demandait à ses élèves d'aspirer, sans exagérer, toute la quantité d'air que pouvaient contenir leurs poumons.

Voilà, sommairement énoncées, les observations dont le chanteur doit tenir compte au cours de l'aspiration. C'est un geste tout naturel qu'il ne faut pas perturber par des trucs fantaisistes.

b) L'expiration. Si importante que soit la bonne aspiration, la coordination de l'expiration chantée est peut-être encore plus fondamentale. C'est ici qu'on utilisera, avec discernement, l'air emmagasiné pour alimenter, supporter le son à travers les sinuosités de la tessiture, de l'intensité et du phrasé de l'écriture vocale.

Avec la fin de l'aspiration, nous amorçons, physiologiquement parlant, le mouvement inverse, c'est-à-dire le retour vers la position initiale de la cage thoracique et du diaphragme. Il s'agit de l'expiration. Mais entre les deux mouvements — la fin de l'aspiration et le commencement de l'expiration chantée — s'insère une pause, minuscule mais cruciale. C'est la suspension au cours de laquelle pas la moindre particule d'air ne doit s'échapper avant l'attaque du son. Une infime échappée d'air provoquerait la remontée du diaphragme, qui s'était abaissé au moment de l'aspiration, et le relâchement de la tension intercostale. Le son naîtrait alors sans fermeté, sans rondeur, sans corps. Ce principe est donc de la plus haute importance ; il est fondamental. Cette simultanéité du rejet de l'air et de l'attaque du son est l'essence même du *« chi sa respirare »* en chantant.

Le débit de l'air au cours de l'expiration chantée doit se faire sans brusquerie et au rythme voulu par les cordes vocales, selon la tessiture et l'intensité du son. Le larynx étant pour ainsi dire un régulateur du souffle, il faut à tout prix éviter l'excès de pression du souffle contre ce mécanisme de haute précision. Cela est également capital. Ignorer cette règle d'or se paie très cher, car en pressant, en forçant, en poussant le souffle contre les cordes vocales, le chanteur impose un fardeau excessif à celles-ci. Il risque inévitablement de dénaturer le timbre de sa voix et d'entraîner une rigidité dans l'émission du son. Ce faisant, sa voix deviendra très tôt victime du chevrotement, difformité vocale insupportable et quasi incurable.

Le larynx sait exactement la quantité d'air, donc la pression de souffle, dont il aura besoin pour émettre un son déterminé. Il saura demander au moteur (les poumons) de répondre à son juste besoin, ni plus ni moins. Il va de soi que, au cours d'un crescendo *molto* ou d'une intensité vocale particulière exigée par l'interprétation, le chanteur devra exercer une pression additionnelle du souffle. Une compression simultanée du diaphragme et des muscles intercostaux sera alors nécessaire. Mais elle devra toujours se faire dans un équilibre rationnel entre la force motrice des poumons et la résistance vibratoire des cordes vocales : il faut bien admettre que le larynx n'acceptera toujours que le volume de souffle nécessaire à la tessiture de la phrase chantée. Sur ce point, le prétendu contrôle du souffle lors de l'expiration sonorisée est illusoire. Personne ne peut vraiment sentir l'action de ses poumons en chantant ; or, on ne contrôle bien que ce qu'on peut bien sentir.

Trop souvent, quand on parle de contrôler le souffle, on pense à l'épargner, à le retenir. Cette attitude en chant risque de retirer l'appui indispensable à la voix et d'en ruiner la qualité. Bien qu'une infime quantité d'air soit requise pour faire vibrer librement et sainement les cordes vocales, ce débit minime requiert un support constant et assez ferme.

Le plus beau son chanté, répétons-le, résulte principalement d'un parfait équilibre des forces entre la souple pression du souffle (le moteur) et la résistance des cordes vocales (les vibrateurs). Encore une fois, c'est la règle d'or pour produire un son libre, flexible, et tout spécialement pour obtenir un legato impeccable, pierre angulaire de l'art vocal.

Au début de ses études vocales, il arrive parfois que le

chanteur possède un système respiratoire manifestement exempt de toute malformation, de toute dysfonction. Il arrive également que son souffle semble bien coordonné. Dans ce cas, il lui vaut mieux oublier sa cage thoracique, son diaphragme. Il doit plutôt faire confiance à son mécanisme de phonation, miraculeux et instinctif, qui obéit avant tout à une discipline naturelle. La respiration physiologique que ce chanteur a pratiquée depuis sa naissance est évidemment naturelle, et la seule qui doit s'appliquer au chant. Il doit rejeter tout procédé artificiel, tout truc, pour augmenter, renforcer et contrôler le souffle. On aura beau émettre les théories les plus fantaisistes sur le geste respiratoire, on n'arrivera jamais à concevoir une méthode, ou technique respiratoire, différente de celle que pratique l'être humain. Personne ne peut définir exactement la signification du contrôle du souffle : il est impossible de mesurer précisément la quantité d'air que le diaphragme propulsera vers les vibrateurs (les cordes vocales) au cours de la phonation, ni ses variances de tessiture.

Quant aux exercices respiratoires silencieux, ils ne sont pas indispensables à une bonne émission ; ils peuvent cependant réduire de beaucoup la tension musculaire. Cela ne peut être que bénéfique au fonctionnement des organes vocaux. Mais, comme le geste respiratoire au cours du chant fait appel à la coordination de douzaines de muscles, et ce, au cours de fractions de seconde, selon la tessiture, l'intensité et le volume des sons émis, c'est dans la pratique même du chant que le souffle se développera d'une façon efficace. C'est dire que la culture rationnelle de la voix fera automatiquement acquérir une bonne respiration, étant donné que toute fonction musculaire se développe selon le but poursuivi. N'est-ce pas en forgeant qu'on devient forgeron ?

Il est bon de le répéter : moins on fait d'efforts respiratoires en chantant, mieux on chante. Le secret est dans la distribution du souffle, avec une ferme flexibilité plutôt qu'avec de la contrainte.

Peut-on se contenter d'une courte aspiration pour une phrase courte ? Je ne crois pas. On doit toujours viser à la meilleure qualité du son chanté, à sa rondeur, à sa fermeté, etc. Or, cela n'est pleinement réalisable qu'avec une respiration complète et souple : une voix, peu ou mal soutenue, est une voix mince, sans étoffe, sans plénitude, sans corps. Seul un souffle franchement amorcé peut donner à la voix cette rondeur, cette richesse de timbre, cette fluidité capable de toutes les nuances de crescendo et de diminuendo à l'intérieur d'une même phrase.

Conclusion

Je crois pouvoir résumer cette description du souffle chez le chanteur en ces termes : le geste respiratoire du chanteur professionnel ne diffère guère de celui du commun des mortels dans son train-train quotidien. Sauf que le chanteur doit nécessairement jouir de deux poumons bien constitués, en pleine santé et de capacité considérable. Car ses poumons doivent fournir aux cordes vocales le souffle nécessaire aux longues phrases de l'écriture musicale, à l'intensité de l'interprétation, à la flexibilité et, enfin, à cette beauté sonore dont seule la voix humaine est capable.

CHAPITRE 5

Les registres, inexistants pour une voix saine

Chez un sujet sain de ses organes vocaux, il n'y a pas de passage.

Docteur A. Wicart

On peut définir le registre vocal comme chacune des parties plus ou moins homogènes de la voix (la voix grave ou de poitrine, la voix médiane, la voix de tête ou aiguë), chantée sur la même position de résonance.

Cela veut dire que le chanteur crée de toutes pièces les registres en incluant dans chacun le plus grand nombre possible de notes chantées. Il devrait plutôt fondre ces registres l'un dans l'autre ; il obtiendrait ainsi l'homogénéité de la voix sur toute son étendue.

Dans les voix non cultivées, on discerne assez facilement les trois registres vocaux susmentionnés. Certains laryngologistes vous diront qu'on peut en déceler jusqu'à cinq, surtout dans les voix de femmes. La controverse sur ce point est encore bien vivante et frôle la science-fiction.

Dans le milieu professionnel de l'enseignement du chant, les professeurs tendent aujourd'hui à minimiser — ou même à ignorer — la question des registres vocaux. C'est que la culture vocale a d'autres priorités de nos jours. Les méthodes diffèrent de celles du bel canto. On prêche maintenant l'accent dramatique plutôt que la ligne vocale.

Pour nous en tenir à une réalité beaucoup plus pratique, nous limiterons nos observations à deux registres principaux, qu'on discerne clairement dans la plupart des voix d'hommes ou de femmes : les registres grave et aigu. En d'autres termes, la voix de poitrine et la voix de tête.

Je crois nécessaire d'ajouter ici que la voix à résonance de poitrine n'a rien à voir avec les sons de poitrine favorisés par certaines voix de femmes. C'est ce qu'on appelle « poitriner ». Ces sons sous-glottiques semblent n'avoir que des résonances viscérales et enlèvent toute son élégance et sa noblesse au bel canto.

La voix de poitrine donne au timbre rondeur, ampleur, fermeté et portée. La voix de tête, trop souvent méconnue et où vibrent les harmoniques, apporte beauté, musicalité et douceur. Le son le plus parfait et le plus expressif résulte du mariage des deux registres. C'est dans cette parfaite union que vous découvrirez l'art vocal achevé.

Quand il s'agit de la culture de la voix humaine, de ses caractéristiques, l'histoire ne nous révèle pas l'origine du mot « registre ». On l'a sans doute emprunté aux organistes qui, grâce aux multiples jeux de leur instrument, peuvent obtenir une grande variété de timbres et de registres.

Dans le chant, c'est par le développement isolé (à éviter) de chaque section de la voix qu'on aboutit à des registres bien marqués. Le chanteur — mal formé ou mal orienté — donne l'impression de posséder deux ou trois voix. De plus, quand ce chanteur passe d'un registre à l'autre, du grave à l'aigu par exemple, il fait face à ce qu'on appelle le passage, *il ponticello* (le petit pont), comme le décrivaient les maîtres du bel canto. Ce passage prend place normalement entre le *ré* et le *fa* — quatrième et cinquième lignes de la portée avec clef de *sol* — pour les voix de soprano ou de ténor, et un peu plus bas pour les voix graves. Ce passage est souvent accompagné, surtout chez les hommes, d'une rupture du son, un couac fort ennuyeux.

Mais ledit passage a des caprices : il peut se manifester à divers endroits du clavier vocal, selon la multiplication des registres. Souvent les voix en formation accentuent ce passage. Alors la différence de timbre apparaît évidente, particulièrement dans les notes du haut médium et du début de l'aigu. Plus on force le haut médium, plus le *ponticello* devient infranchissable. La voix craque, casse ; c'est la détresse chez le chanteur.

Pourquoi ce passage dans la plupart des voix ? Il marque une division arbitraire qui met fin à l'action de certains résonateurs en faveur d'autres. Par exemple, dans une gamme ascendante, c'est le pont, le *ponticello,* où les résonances à prédominance de poitrine rejoignent les résonances à prédominance de tête.

En d'autres termes, plus on chante vers l'aigu, plus les cordes vocales vibrent rapidement. Ainsi, plus on active les résonateurs supérieurs — ceux de la tête et des sinus —, moins participent les résonateurs de poitrine — pharyngien et buccal. Pour vous en convaincre, placez une main sur le haut de votre poitrine et chantez une gamme ascendante, du *do* central jusqu'au *fa* cinquième ligne. Vous constaterez que les vibrations s'atténuent avec la montée de la gamme, jusqu'à disparaître presque totalement. C'est un ajustement tout naturel et proportionnel des résonateurs qui répondent aux exigences des lois de l'acoustique. On voit là la réfutation de la fausse théorie du placement volontaire d'une série de sons en un même point de résonance, théorie à l'origine des registres.

Quand on parle de voix de poitrine ou de voix de tête, précisons ceci : il ne s'agit pas, bien sûr, d'une émission différente, d'un geste chanté distinct. Il s'agit tout simplement d'autres sensations qu'éprouve le chanteur quand il passe du grave à l'aigu, ou l'inverse. Ces diverses sensations naissent du fait que chaque note qu'il émet dans une tessiture différente de la précédente éveille chez lui la participation de résonateurs différents. Si le chanteur évite de s'entêter à placer sa voix sur un point déterminé et fixe, c'est-à-dire d'exploiter un registre en particulier, celle-ci saura d'elle-même atteindre les résonateurs appropriés, et cela, sans heurt, sans passage marqué.

Léopold Simoneau dans l'opéra *Don Giovanni* de Mozart, au Metropolitan Opera.

Avec Élisabeth Schwarzkopf dans *Così fan tutte* de Mozart, à l'Opéra de Chicago.

Avec Maria Callas dans *La Traviata* de Verdi, à l'Opéra de Chicago.

Dans le rôle d'Alfredo de *La Traviata* de Verdi, à l'Opéra de Paris.

Dans *La Flûte enchantée* de Mozart, à l'Opéra de Paris.

Avec Herbert von Karajan sur la scène de la Scala de Milan après une représentation du *Don Giovanni* de Mozart.

Avec Pierrette Alarie dans *Les Pêcheurs de perles* de Bizet, à l'Opéra comique de Paris.

Dans *Così fan tutte* de Mozart, à la télévision de Radio-Canada.

Avec Pierrette Alarie dans l'opéra *Manon* de Massenet, à la télévision de Radio-Canada.

Avec Lily Pons, au cours d'une répétition pour la présentation de *Lakmé* de Delibes, à l'Opéra de San Antonio.

Avec Pierrette Alarie dans l'opéra *Orphée* de Gluck.

Les physiologistes expliquent le phénomène des registres bien plus par les lois de l'acoustique que par celles de la physiologie du chant. Si le chanteur sait obtenir une certaine liberté d'émission, qui mêle harmonieusement résonance de poitrine et résonance de tête, il éliminera les registres et les passages qui divisent la zone grave et la zone aiguë de la voix. C'est l'homogénéité. Avec chaque son chanté dans un ton différent, un nouvel et minuscule ajustement du mécanisme musculaire de la voix s'opère en même temps que participent de nouveaux résonateurs. Cela infirme la théorie traditionnelle de deux ou même de cinq registres. Il serait plus logique de dire qu'il existe un registre imperceptible pour chaque variation de notes. Autant affirmer que chaque note du clavier vocal possède son propre registre.

Sur cette question générale des registres, Lilli Lehmann affirme catégoriquement : « Les registres sont donc exclus, car ils ne sont qu'une suite de sons généralement ascendants que l'on force sur la même place de résonance au lieu de se rendre compte que, dans le mouvement progressif, aucun son ne peut ressembler exactement à l'autre, la position organique devant se modifier chaque fois » (*Mon art du chant,* Rouart, Lerolle et cie).

Idéalement, plus l'ensemble des résonateurs — pharyngien, buccal, cavités nasales, sinus, etc. — est mis simultanément à contribution pour chaque son, plus celui-ci sera entier, expressif et beau ! L'unification des registres résulte donc d'une émission mixte, c'est-à-dire de la participation de tous les résonateurs sur toute l'étendue de la voix. Cela signifie que les notes graves doivent contenir aussi des harmoniques (sonorité en hauteur) et, inversement, que les notes aiguës doivent faire entendre une certaine rondeur du médium.

Même quand on chante des notes basses, on doit penser en hauteur. Quand le chanteur attaque une note dans le grave, il doit le faire avec suffisamment de résonance en hauteur. Ainsi, il pourra s'acheminer vers la zone aiguë dans une unification de timbre, une continuité de la ligne vocale et musicale, donc sans *ponticello*. Lehmann appelle cela « le moule de la transplantation ». Encore une fois, je tiens à souligner l'importance capitale pour le chanteur d'éviter toute émission localisée, rigide, forcée ; en d'autres termes, celui-ci ne doit pas créer de toutes pièces des registres isolés.

« Ne forcez jamais la voix de poitrine dans l'espoir d'augmenter son étendue vers l'aigu ; mais plutôt, cultivez la voix de tête pour la joindre imperceptiblement à la voix de poitrine et évitez de la sorte de chanter en émission gutturale » (Tenducci, 1736-?).

Si le chanteur doit éviter de placer sa voix sur un point déterminé de résonance, il doit néanmoins être conscient de la place vers laquelle sa voix tend à se diriger, et ce, afin de lui éviter toute obstruction. Si vous cherchez une façon efficace d'unifier les registres, vous la trouverez en vous attaquant à un répertoire de virtuosité, qui existe pour toutes les catégories de voix. Cette écriture vocale ne laisse pas le temps à l'interprète de recourir à ses trucs techniques favoris. Au contraire, elle laisse aux organes vocaux la liberté de fonctionner selon leur tendance naturelle et permet à la résonance son acheminement vers les justes résonateurs. C'est là la loi sacrée d'une bonne émission et d'une exacte homogénéité. Il est bon de rappeler que, sans homogénéité, le chanteur est incapable d'exécuter les grandes œuvres de virtuosité ou d'agrémenter de nuances ses diverses interprétations.

Bref, la pierre angulaire du bel canto consiste à obtenir la ligne vocale la plus parfaite possible grâce à l'unification des registres.

Voilà la clef! La tâche est sûrement de taille ; mais le résultat n'en vaut-il pas le prix ?

CHAPITRE 6

Les mouvements dans l'émission vocale : vibrato — trémolo — chevrotement

Quand on entend une belle voix, on s'arrête rarement à l'analyser, à en connaître les secrets, le pourquoi. C'est une fusion de qualités agréables qui flatte l'oreille et nous laisse muets d'enchantement. Seule la voix humaine peut susciter pareil ravissement.

Quelques remarques générales

Certes, on mentionnera, par exemple, la richesse du timbre, les nuances, la flexibilité, l'homogénéité sur toute l'étendue de la voix, et bien d'autres choses. Mais une belle voix comporte un élément fondamental qui contribue à la beauté du chant et auquel on accorde rarement tout le mérite qui est le sien. C'est le mouvement dans le son, c'est-à-dire une fluctuation, une variation tonale à peine perceptible qu'on appelle le vibrato, sans lequel le son demeure droit, plat, sans vie et, dès lors, uniforme, monochrome. Bref, le vibrato a une fonction esthétique fondamentale dans le geste chanté.

Outre son importante contribution à la beauté de la voix, le vibrato constitue un baromètre, un indice positif de santé vocale. En effet, il ne s'épanouit que dans une voix dont le mécanisme fonctionne strictement selon les lois naturelles de la phonation, du chant. Dès qu'apparaissent une tension laryngienne, un fort appui localisé et une rigidité dans l'acte vocal, le vibrato est écrasé, voire banni. Plus grave encore, cette tension peut conduire au trémolo ou même au chevrotement. Ce sont deux mouvements qui non seulement déplaisent à l'oreille, mais peuvent ruiner le plus joli timbre.

Si l'auditeur prend rarement conscience du rôle majeur d'un sain vibrato dans la voix du chanteur qu'il admire, le professeur de chant, lui, fait face quotidiennement à des élèves dont l'un a un vibrato insuffisant, un autre, un trémolo irritant, ou un troisième, un chevrotement intolérable.

Le professeur doit remédier à ces lacunes. Mais ce n'est pas de la boîte de Pandore qu'il lui faut tirer quelque truc magique pour rectifier ces imperfections de l'émission vocale. Il doit renoncer à la croyance qu'on peut modifier, contrôler, rectifier en eux-mêmes ces trois mouvements de l'émission : vibrato, trémolo, chevrotement.

Pour que ledit professeur y réussisse, je lui propose d'appliquer le seul principe vraiment efficace : *les pulsations tonales de ces trois mouvements ne se rectifieront que dans la stricte et libre coordination de la musculature laryngienne et pharyngienne au cours du geste chanté.*

Voilà pourquoi j'ai cru bon d'apporter dans ces pages quelques précisions sur la nature et la cause de ces mouvements. Je proposerai ensuite la meilleure voie à suivre pour favoriser le vrai vibrato et corriger si possible le trémolo ou le chevrotement.

Le vibrato

Il vous est sans doute arrivé de voir s'exécuter un violoncelliste. Avez-vous remarqué l'oscillation rapide de sa main gauche ? Ce mouvement a pour but d'allonger ou de raccourcir d'une façon quasi imperceptible la corde sur laquelle il a posé le doigt. Quand sa main est tournée dans la position la plus élevée du mouvement oscillatoire, la corde est ainsi allongée de quelques millimètres. À l'inverse, quand sa main atteint la position la plus basse, la corde est raccourcie d'autant. Cet allongement et ce raccourcissement de la corde causent une modification, une fluctuation à peine perceptible de l'intonation du son ; c'est ce qu'on appelle le vibrato.

La fréquence de cette minime fluctuation de l'intonation ou du ton, qu'on appelle vibrato chez le violoncelliste, se situe aux environs de quatre par seconde ; cela varie très légèrement avec chaque instrumentiste. Ce qui importe avant tout, c'est la régularité de l'amplitude et de la fréquence. Voilà, sommairement, la définition du vibrato chez le violoncelliste.

Dans le chant, le phénomène du vibrato résulte de multiples contractions et décontractions des muscles du larynx. C'est un mouvement beaucoup trop complexe pour que j'en tente une analyse dans ces pages. D'abord, des points de vue scientifique et physiologique, les anatomistes eux-mêmes ne s'entendent pas sur ce qui le cause. En second lieu, un éclaircissement sur ce phénomène n'ajouterait rien de vraiment profitable à la poursuite d'une saine émission. C'est que la musculature favorisant le vibrato de la voix humaine échappe au contrôle de la volonté.

Chez le chanteur dont l'émission est strictement en conformité avec les lois naturelles, la périodicité ou la fréquence du vibrato se situe aux environs de six ou sept par seconde et doit être régulière, tout comme chez le violoncelliste. Si cette périodicité ou cette fréquence du vibrato atteint le niveau de huit par seconde et plus, c'est du trémolo. Si cette fréquence se réduit à quatre par seconde ou moins, nous voilà dans le chevrotement.

Le chant caractérisé par un vibrato régulier et enjoliveur du son nous assure que le mécanisme de phonation opère d'une façon libre et naturelle. Ce qui me permet d'affirmer catégoriquement que seule la plus saine coordination de la musculature des organes de la voix donne libre cours au bon vibrato. Celui-ci n'est donc rien de plus qu'une fluctuation innée du son chanté dans une voix saine. Fluctuation absolument involontaire et incontrôlable.

Conclusion : le chanteur ne doit jamais essayer de cultiver le vibrato en lui-même, que ce soit pour l'accélérer ou pour le réduire. Celui-ci se manifeste d'une façon spontanée, étant issu de la coordination physiologique naturelle du geste chanté et de la résonance libre des cavités laryngienne et pharyngienne. Toute manœuvre vocale directe pour contrôler le vibrato risque de le détruire.

Comment pourrait-on, en effet, influencer la musculature du larynx qui donne libre cours au vibrato, quand les cordes vocales qu'il renferme produisent quatre cent quarante-deux vibrations à la seconde pour un *la* naturel, et que, en plus, elles embellissent ces vibrations de six ou sept ondulations du son dans le même laps de temps ? Essayer de contrôler ces pulsations du son chanté — qu'on appelle le vibrato — serait illusoire sinon désastreux.

Auteur de plusieurs documents sur la pédagogie vocale, Cornelius L. Reid se prononce clairement sur l'automatisme du vibrato : « On ne pourrait jamais trop insister sur l'importance du vibrato dans le beau chant. Cependant, il faut reconnaître que, tout comme tant d'autres phases de l'acte chanté, il ne peut être régularisé ou contrôlé sans effets nocifs. Le vibrato ne doit jamais être cultivé. Il n'apparaîtra qu'à la suite d'une heureuse unification des registres grâce à un ajustement exact des résonateurs. Tout ce que le professeur de chant peut faire est d'observer sa présence ou son absence, indice lui permettant d'évaluer le bon ou le mauvais fonctionnement du mécanisme vocal. »

Le trémolo

Autant le vibrato naturel dans le beau chant est agréable et expressif, autant le trémolo — que certains appellent aussi « vibrato rapide » — est désagréable et destructeur de toute qualité de l'émission : véritable distorsion du son et affliction de la voix humaine chantée. Non seulement le son aigre choque les oreilles — il ressemble plutôt à un bêlement de brebis à cause du manque de variation tonale —, mais aussi il fait disparaître toute vraie couleur des voyelles. Plus grave encore : le chanteur, victime du trémolo, tend à détonner.

Le trémolo, étant habituellement la conséquence d'une fausse et forte tension dans la musculature du larynx, se propage souvent dans toute la musculature environnante, de sorte qu'il devient visible dans le tremblotement de la mâchoire et de la langue.

Distinguons ici le trémolo intrinsèque et le trémolo temporaire.

Quasi incurable, le tremolo intrinsèque tient de la nature même de la voix. Cependant, une guérison lente et ardue est quelquefois possible si le trémolo vient d'une mauvaise technique, c'est-à-dire d'une coordination musculaire défectueuse du larynx. Un resserrement, ou constriction, s'ensuit et mène au trémolo. Le délicat mécanisme de la phonation se détraque alors sérieusement. En d'autres termes, certains muscles laryngiens et pharyngiens qui, normalement, devraient demeurer libres, détendus pendant le chant sont soudainement activés, forcés. En conséquence, la région de la gorge se serre, le son devient guttural, écrasé, strident. Impossible alors d'éviter le trémolo.

Dans ces conditions, le chanteur doit considérer comme aléatoires la rééducation de la musculature de son larynx et l'ajustement du mécanisme de phonation. À tout hasard, le processus thérapeutique devrait débuter par un arrêt total du chant durant quelques mois. Par la suite, le traitement, très long mais le plus sûr, repose sur un changement radical d'attitude mentale vis-à-vis de l'acte chanté et sur la plus grande relaxation possible de la région pharyngienne, de la mâchoire, de la langue, du cou et des épaules.

La voyelle pure chantée « piano » et en sons soutenus dans une tessiture confortable constitue une excellente thérapie. Il faut sans cesse le répéter : toute tension gutturale provoque une impureté du son et de la voyelle. Inversement, rétablir la pureté de celle-ci assurera une meilleure résonance de la voix. Pour ce faire, le chanteur devra choisir un répertoire dans lequel il est à l'aise, de tessiture et d'agilité moyennes. Et surtout — oui surtout — éviter les airs d'opéra à caractère dramatique. Enfin, certains exercices-vocalises pourraient être bénéfiques.

Et le trémolo temporaire ?

La cause ? Une tension nerveuse momentanée causée par des circonstances stressantes. Exemple : le défi majeur auquel se mesure un chanteur à l'occasion de sa première interprétation d'un grand rôle ou de ses débuts dans une importante maison d'opéra. Mais dès que l'interprète se ressaisit et retrouve la maîtrise de ses nerfs, le trémolo disparaît. Ce n'est ni le fonctionnement déséquilibré des organes ni une déficience technique qui est ici en cause.

Le chevrotement

Alors que le trémolo se manifeste habituellement par une fluctuation à peu près nulle du ton et que sa fréquence est de huit par seconde et plus, la fréquence du chevrotement se réduit aux environs de quatre, avec une amplitude telle qu'elle peut produire une fluctuation d'un quart de ton ou même d'un demi-ton.

La cause du chevrotement diffère grandement de celle du trémolo. Celui-ci naît d'une constriction du mécanisme de phonation. Le chevrotement, lui, est causé normalement par une pression excessive du souffle contre les cordes vocales et par l'abus des sons de poitrine. C'est ce qu'on appelle forcer, pousser, grossir le son, grossir le timbre. Ou encore le chanteur cherche le volume plutôt que la résonance dans le médium de la voix.

On observe fréquemment cette tendance chez les basses et les contraltos ; ils se croient obligés de tonner pour interpréter des personnages nobles, grandiloquents, menaçants, que les compositeurs d'opéras leur assignent traditionnellement.

Une deuxième cause du chevrotement : l'ambition innée des chanteurs d'opéra de toute catégorie de s'attaquer à des rôles toujours de plus en plus lourds et dramatiques. Ces rôles vont généralement au-delà de leur potentiel, surtout dans le cadre des vastes salles de théâtre et des grands orchestres qu'ils nécessitent. Dans ces conditions, les chanteurs se sentent écrasés et recourent à la force. L'élasticité des organes vocaux se perd. Le chevrotement les attend à brève échéance.

Si le chanteur doit compter sur une assez longue période de temps pour effacer le chevrotement, surtout s'il est ancré dans son gosier depuis longtemps, je lui suggère deux remèdes simples, évidents et efficaces. Le premier, renoncer à la force en faveur de l'émission libre, ample et enrichie d'harmoniques. Le deuxième, s'attaquer au répertoire qui contient une bonne part de virtuosité. C'est le régime idéal pour enrayer le fâcheux chevrotement.

CHAPITRE 7

Le choix du répertoire, clef du succès ou de la faillite : l'interprétation

Qui veut aller loin ménage sa monture.

RACINE, *Les Plaideurs*

Je me suis toujours étonné du peu d'attention que les auteurs de traités d'art vocal accordent au choix judicieux du répertoire que le jeune chanteur peut se permettre d'aborder au cours de sa formation et au début de sa carrière. L'explication vient peut-être du fait que, parmi ces auteurs — laryngologistes, physiologistes —, peu ont vécu l'expérience des feux de la rampe.

Savoir se limiter à un répertoire conforme à la stricte classification de sa voix est un facteur crucial dans l'étude du chant. Le choix du répertoire façonne ou ruine une carrière prometteuse. Une voix bien classée et cultivée selon ses plus exactes caractéristiques se développe plus rapidement et se dirige plus sûrement vers le succès.

Au contraire, un talent exceptionnel peut connaître une prompte défaite s'il s'aventure dans un répertoire qui dépasse ses aptitudes. Cette aventure semble beaucoup trop souvent irrésistible, comme l'atteste le nombre de jeunes « chevroteurs ». De là l'importance de se pencher sur la question primordiale du choix du répertoire.

L'aspirant à la carrière lyrique peut avoir une jolie voix, une certaine habileté vocale, une maturité intellectuelle appréciable, être bon musicien. Il reste que la classification de sa voix et, partant, son répertoire seront déterminés par la nature même de cette voix et non par un choix capricieux.

Vous vous souviendrez que, dans un chapitre précédent, j'ai émis l'opinion, assez répandue d'ailleurs, que la présente pénurie de belles et grandes voix, malgré le nombre accru d'aspirants à la carrière lyrique, résulte principalement de la pauvreté de l'enseignement. Ainsi, le répertoire choisi par le professeur ou l'élève dans la poursuite de la culture vocale constitue *l'outil vital* dont il se sert quotidiennement à cette fin.

Les espoirs frustrés de tant d'aspirants à la carrière nous indiquent clairement que les erreurs dans le choix de cet outil vital se multiplient couramment. Dès lors, comme on le constate, tous les désastres deviennent possibles. On ne connaît vraiment les exigences d'une grande œuvre lyrique qu'après l'avoir interprétée dans son cadre intégral, c'est-à-dire avec décors, costumes, mouvements, orchestre, immense salle et le reste. Or, moins de dix pour cent des professeurs ont vécu cette expérience.

Un tout jeune pianiste peut fort bien s'attaquer à un concerto de Mozart ou de Beethoven et en donner une interprétation valable s'il est un virtuose exceptionnellement précoce. La maîtrise de cette œuvre viendra normalement avec le temps. Mais la soprano lyrique n'arrivera jamais à interpréter adéquatement le rôle d'Isolde dans le *Tristan et Isolde* de Wagner, même si cette chanteuse est douée d'un talent remarquable, qu'elle peut atteindre toutes les notes du rôle et qu'elle y consacre sa vie entière. Le type précis d'une voix demeure à jamais non transmuable.

Le chanteur qui n'a pas la voix de son tempérament court le plus grand risque de s'attaquer à un répertoire trop ambitieux. Il devient vite impatient de briller dans des airs d'opéra ou dans des rôles à succès populaire sans avoir vraiment ni l'étendue vocale ni l'intensité dramatique voulues.

En réalité, cette obsession épargne peu de chanteurs. J'avoue que le rêve insensé de chanter le rôle de Bacchus dans *Ariadne auf Naxos,* de Richard Strauss, m'a poursuivi durant plusieurs années de ma carrière. J'avais si souvent vu au théâtre et entendu sur disque cette œuvre magnifique que je connaissais chaque note du rôle. Si on me l'avait proposé, j'aurais sans doute fait la bêtise d'accepter. Par bonheur, personne n'a commis celle de me l'offrir. De son côté, ma femme Pierrette Alarie, soprano colorature, déplorait amèrement de ne pouvoir se permettre de chanter le rôle de Manon ou de Mimi au théâtre à cause de la lourdeur de l'orchestration.

Les chanteurs préparent habituellement leur répertoire avec des pianistes, excellents musiciens sans doute, mais souvent peu familiarisés avec les exigences vocales requises de l'interprète sur le plateau d'une salle de deux mille cinq cents spectateurs et le tintamarre d'un orchestre déchaîné. Dans le cadre étroit de leur studio et de l'accompagnement discret du piano, ils surestiment les moyens vocaux réels du jeune chanteur et le laissent s'aventurer sur un sentier illusoire.

D'autre part, les nécessités de la vie poussent un bon nombre de jeunes artistes à brûler les étapes — et à se brûler les ailes — dans un répertoire casse-cou.

Les artistes lyriques du passé, qui ont atteint les plus hauts sommets et qui ont joui des plus longues carrières, savaient respecter les strictes limites de leur voix. Plus important encore, dès leur stage de formation, ils ont su cultiver un répertoire où la pureté de la voyelle, le legato et le souci de l'interprétation en même temps que leur technique de base… prédominaient.

Élisabeth Schwarzkopf, par exemple, a réussi sa prestigieuse carrière avec six rôles, dont trois de Mozart : Fiordiligi dans *Così fan tutte,* Elvira dans *Don Giovanni,* la Contessa dans *Les Noces de Figaro* ; plus deux rôles d'opéra de Richard Strauss, la Marschallin dans *Rosenkavalier* et la Comtesse dans *Capriccio* ; enfin, Alice dans *Falstaff* de Verdi.

Teresa Berganza a d'abord atteint sa renommée mondiale avec deux rôles de Rossini : Rosine dans *Le Barbier de Séville* et Cenerentola dans l'opéra du même nom. Mais elle interprétait ces rôles avec le plus suprême raffinement.

Le légendaire baryton Titta Ruffo déclarait : « J'ai chanté approximativement cent rôles dans ma carrière ; mais si c'était à refaire, je me limiterais à cinq ou six, que je polirais à l'extrême, musicalement et vocalement, dans les moindres détails. »

Le répertoire lyrique est tellement vaste que chaque chanteur, selon la catégorie de sa voix, peut et doit y sélectionner les œuvres les plus adaptées à la nature de celle-ci, à son propre développement artistique et surtout à son plus grand succès. En pratique, c'est une autre paire de manches… Que le soprano soit léger, mi-léger, mi-lyrique, il semble que le premier choix d'un air d'opéra tombe infailliblement sur l'air de Mimi de *La Bohème,* de Puccini.

Premier faux pas ! Dans le studio du professeur et avec accompagnement de piano, vous allez réussir une interprétation à peu près satisfaisante de cet air. Mais prenez la peine d'écouter l'accompagnement d'orchestre nourri et à l'unisson de la voix, surtout à partir de *« Ma quando vien lo sgelo… »,* vous admettrez que cet air — et le rôle entier de Mimi d'ailleurs — exige un soprano dont le médium est étoffé. Jeunes sopranes, donnez à votre voix le temps d'atteindre une certaine maturité avant de flirter avec les œuvres de Puccini.

Compte tenu de la dimension des théâtres d'opéra et des grands orchestres qu'on y emploie maintenant, les exigences du grand répertoire de Verdi, de Puccini, de Gounod, de Massenet, de Strauss, sans compter de Wagner, sont aujourd'hui bien au-dessus des possibilités de la moyenne des voix en étendue et surtout en volume. D'autant plus que « pour satisfaire les managers de compagnies d'opéra et les amateurs d'opéra friands de voix énormes, si vous ne hurlez pas et ne donnez pas l'impression d'être dans les douleurs les plus atroces, vous n'accrochez pas les auditeurs », déclarait l'imprésario new-yorkais bien connu Laurence Wasserman dans une récente entrevue. Et il ajoutait : « Cependant, on devrait pouvoir utiliser les voix plus modestes ; mais que faire avec nos théâtres de quatre mille places et plus ? »

Que faire ? Tout simplement revenir (ce qui n'aura certainement pas lieu, surtout en Amérique du Nord) aux cadres, à l'environnement, aux éléments fondamentaux offerts aux compositeurs à la création de leurs œuvres. Ceux-ci ne voyaient pas la représentation de leurs ouvrages dans des amphithéâtres romains. L'opéra *Carmen* vit le jour dans l'intimité de l'Opéra-Comique de Paris. Plusieurs opéras de Rossini et même de Verdi furent créés dans un cadre similaire au Teatro della Fenice à Venise.

Dans les salles démesurées de nos théâtres contemporains, le chanteur, bon gré mal gré, doit enfler son geste chanté et son jeu scénique pour atteindre le spectateur quasi invisible au fond du gouffre qui s'ouvre devant lui, de telle sorte qu'il finit par hurler, comme le mentionne plus haut monsieur Wasserman. Le jeune chanteur en début de carrière qui doit relever un tel défi court prématurément à sa perte.

Néanmoins, le rêve de la grande carrière à l'opéra hante très tôt le jeune chanteur. C'est une idée fixe. Il lui tarde d'explorer ce monde fabuleux. La belle tradition du récital maintenant quasi éteinte, on plonge sans discernement dans les airs d'opéra les mieux connus. D'autant plus que les principaux concours nationaux et internationaux, tremplins fort à la mode pour le lancement de futures vedettes, appellent presque exclusivement les chanteurs d'opéra. Je crois cet acheminement très valable à condition que l'on s'y engage avec une grande prudence.

Sur le plan esthétique et même vocal, le répertoire du récital offre une littérature aussi valable — sinon plus — que celui de l'opéra dans la culture du chant. En effet, au récital, sans l'apparat de l'opéra — décors, costumes, mouvements, orchestre —, l'interprète doit faire preuve d'une plus grande subtilité d'interprétation aussi bien que d'une émission plus nuancée.

Il faut revenir à ce répertoire délaissé. Croyez-moi, l'élève qui peut interpréter « Après un rêve » de Fauré ou le « *Du bist die Ruh* » de Schubert, avec le legato irréprochable qu'exigent ces mélodies, a déjà un grand pas de fait vers la maîtrise d'un air d'opéra de Mozart ou de Donizetti.

Il va de soi que l'élève qui se destine à l'opéra ne devra pas se limiter aux mélodies et aux lieder ; seul le répertoire d'opéra lui fournira l'occasion de grandir vocalement, à condition toujours de faire un choix judicieux au cours de sa formation. Ce choix doit de préférence s'orienter vers le répertoire des XVIIe et XVIIIe siècles, particulièrement les opéras du XVIIIe.

Ces œuvres offrent des défis variés, l'idéal pour la formation des jeunes voix ou, mieux encore, la formation des jeunes artistes. Il est parfaitement ridicule de croire qu'un jeune chanteur ne sera pris au sérieux que s'il se mesure au grand répertoire courant de *La Bohème, La Traviata, Carmen, Manon* et le reste. Cette orientation prématurée peut non seulement freiner le progrès vocal du chanteur, mais aller jusqu'à compromettre ses chances de succès.

Cette imprudence vient souvent de la fausse impression selon laquelle seul un répertoire sensiblement au-dessus des possibilités présentes d'une voix réussirait à la cultiver. Je ne vois aucun avantage — bien au contraire — à forcer une voix, même modérément, pour aboutir à une interprétation affectée, faussée, d'une composition quand l'art du beau chant naît précisément dans la souplesse et la facilité. Par ailleurs l'usage de la force dans l'acte chanté chez le jeune élève aura tôt fait de créer chez lui un sentiment d'incapacité. Bien plus, une tension dans le mécanisme vocal, la fatigue musculaire du larynx ainsi que la congestion et l'inflammation des cordes vocales résulteront de tels efforts.

Enfin, aborder trop tôt le grand répertoire crée dans la pensée du jeune interprète le sentiment d'avoir à relever un défi insurmontable, et cette appréhension l'accompagnera jusqu'au jour où, normalement, il pourrait le relever avec une certaine facilité.

Le professeur de chant doit éveiller chez son jeune élève une vive curiosité dans la recherche du répertoire spécifiquement favorable à son progrès vocal et artistique. Non seulement le choix des œuvres devra convenir aux strictes dispositions vocales du jeune chanteur, mais il devra être également d'une valeur musicale propre à développer son sens rythmique, son phrasé, son interprétation.

Revenons aux géants du XVIIIe siècle. Le répertoire le plus formateur donc, aujourd'hui comme hier, demeure celui des anciens Italiens, et surtout celui des grands classiques comme Bach, Händel, Haydn, Mozart, Gluck, Grétry, Cimarosa. Ces compositeurs incarnent l'apothéose du classicisme. Leur musique est la synthèse la plus grandiose de l'art musical et vocal : élégance, mesure, équilibre, couleur, ampleur.

Il faut bien le reconnaître, depuis l'époque classique et le début du XIXe siècle, la musique a évolué d'une façon négative du point de vue purement vocal. La virtuosité ainsi que la ligne vocale mélodique pure et soutenue ont fait place à l'impulsivité et à la véhémence à partir de Wagner. La force persuasive du vérisme, avec *I Pagliacci* (Leoncavallo) et *Cavalleria rusticana* (Mascagni), a suivi et remplacé le style élégant.

Au XXe siècle, le chant proprement dit a été détrôné à l'opéra par le *quasi parlando,* la voix parlée, déclamée. Debussy avec son *Pelléas et Mélisande* (1902) atteint un sommet musical et poétique exceptionnel, mais relègue la voix au rôle mi-parlé, mi-chanté. Le rôle de Pelléas soulève toujours la question de savoir s'il appartient à un ténor ou à un baryton. Sa tessiture générale ne sied ni à l'un ni à l'autre. Le chanteur de formation traditionnelle, c'est-à-dire formé selon les principes du bel canto, y est défavorisé. On se trouve en présence d'une sorte d'impressionnisme musical.

Richard Strauss avec *Salomé* (1905) de même que Bartók avec *Le Château de Barbe-Bleue* (1911) ont suivi une voie similaire. Bref, la pure cantilène, caractéristique du bel canto et pierre angulaire de la culture vocale, a totalement perdu son hégémonie avec notre siècle. Berg, Schönberg et Webern ont signé son arrêt de mort. Je ne sous-estime pas l'art ou le génie de ces compositeurs ; je constate tout simplement que leur écriture se situe aux antipodes de la vraie vocalité.

Cette évolution majeure de la musique vocale a donc sapé les principes fondamentaux du bel canto, toujours essentiels à la formation du chanteur. Essentiels, parce qu'ils visent avant tout à la recherche de la qualité et de la beauté dans le chant.

Cet idéal de beauté vocale ne pourrait être mieux poursuivi que dans la musique du XVIIIe siècle et particulièrement dans les œuvres de Mozart, qui a créé l'esthétique musicale la plus pure de tous les temps. Dans ses opéras et ses airs de concert, toutes les catégories de voix — sauf peut-être le contralto — peuvent trouver les pièces et les rôles les plus enrichissants.

La soprano léger ou soprano lyrique léger, par exemple, peut très tôt commencer l'étude des airs de Zerlina dans *Don Giovanni* et ceux de Despina dans *Così fan tutte,* de même que les deux airs de Cherubino dans *Les Noces de Figaro* (Cherubino, ce personnage-enfant, est confié tantôt à une mezzo tantôt à une soprano.) Je suggère également les mélodies « *Un moto di gioia* » et « *Ridenta la calma* ». Ces airs et ces mélodies ne sont pas vocalement plus difficiles que les œuvres de Scarlatti, de Stradella ou de Durante.

Ainsi, la jeune artiste soprane fera ses premiers pas dans la lente acquisition de la discipline musicale, des mille nuances d'interprétation, de l'élégance et du bon goût, pour parvenir finalement à la parfaite maîtrise du style de ce suprême compositeur. Dans sa biographie de Mozart, Marcia Davenport écrit : « L'apparente simplicité de cette musique de Mozart, sa limpidité, présente en réalité un défi à l'interprète, excluant toute compromission. » Voilà la discipline par excellence à laquelle tout chanteur doit s'astreindre.

Je suis d'avis que toute soprano léger, soprano lyrique léger et même soprano lyrique devrait maîtriser le motet « *Exultate, Jubilate* », K. 165, de Mozart. Les trois mouvements de ce pur chef-d'œuvre renferment une gamme parfaite de dessins musicaux qui vaut plus d'un volume d'arides exercices d'agilité. Par contre, le deuxième mouvement « *Tu Virginum Corona* » exige un legato irréprochable. À noter que le *do* aigu à la fin de l'alléluia n'est pas de Mozart. L'interprète chez qui le suraigu cause encore quelque appréhension peut donc l'ignorer temporairement. Cet alléluia demeurait l'exercice préféré de l'admirable soprano dramatique Birgit Nilsson.

Ténors, barytons et basses trouveront également chez Mozart un choix d'œuvres des plus favorables à leur formation vocale de base, et ils en profiteront tout au long de leur carrière.

La prudence dans le choix du répertoire durant la période de formation n'exclut pas la nécessité de cultiver l'étendue et l'intensité de la voix, à condition d'éviter les œuvres mélodramatiques pour ce faire. Le répertoire classique offre encore là l'écriture musicale la plus appropriée. Ses passages intenses conservent l'équilibre, la mesure et le bon goût du XVIIIe siècle. Leur interprétation ne requiert du chanteur que des efforts relativement modérés, donc sans danger pour une jeune voix.

Une longue expérience dans l'enseignement m'a démontré qu'il est rarement possible de revenir avec succès au classicisme du XVIIIe siècle après avoir cultivé la musique de Puccini, de Verdi, de Gounod et de Massenet. Le langage romantique de ces compositeurs des XIXe et XXe siècles laisse à l'interprète une certaine latitude d'expression, d'interprétation, inadmissible chez Mozart par exemple.

Plus tôt et plus longtemps le jeune chanteur se soumettra à la formation classique et disciplinée, mieux il sera préparé pour interpréter les œuvres de compositeurs plus récents. Car le style classique nous procure la clef de tous les styles. Cela est également vrai pour tous les arts d'interprétation.

Je trouve très regrettable que les jeunes chanteurs — francophones en particulier — ignorent généralement la grande et superbe littérature vocale de Händel qui « a opéré une synthèse magistrale de l'écriture vocale italienne ». Surtout que son vaste répertoire lance un défi moins intimidant que celui de Mozart.

Ainsi, son écriture exige une étendue vocale plus limitée. Mais nul répertoire ne saurait développer d'une façon plus rationnelle le long geste respiratoire, l'absolue stabilité de la voix — le legato —, la pureté de la voyelle, l'art du crescendo et du diminuendo et surtout la flexibilité et l'agilité.

Bien entendu, tous ces avantages n'apparaîtront que dans la stricte exécution de ses œuvres, c'est-à-dire dans le style « handélien », fait de précision, de noblesse et d'ampleur.

Tout comme Mozart, Händel a à son crédit un répertoire vocal prodigieux : quarante opéras, la plupart sur texte italien*, quelque vingt oratorios et autant de cantates.

Malheureusement, de cette multitude d'œuvres on ne connaît guère que le *Messie* et le *Julio Cesare,* dont certaines pages immortelles sont des plus flatteuses pour la voix. Mais les opéras *Serse* et *Alcina* demeurent des sources sans pareilles pour la culture vocale du jeune chanteur ou de la jeune chanteuse possédant déjà une certaine assurance d'émission.

---

* J'insiste encore sur la nécessité de chanter le répertoire italien le plus souvent possible. La pureté des voyelles de cette langue établit la relation fondamentale entre le mot et le son chanté.

Vous m'objecterez peut-être que ces œuvres ne sont que rarement exécutées, que les efforts pour les maîtriser demeureront vains. Je vous répondrai que le *Clavier bien tempéré* et les *Variations Goldberg* de Bach figurent rarement au programme des pianistes. Pourtant ces ouvrages monumentaux — du moins une partie d'entre eux — constituent le répertoire traditionnel imposé dans la formation de ces instrumentistes.

Je vois la même nécessité d'un répertoire clef pour les chanteurs qui, en général, jouissent d'une bien pauvre réputation sur le plan de la discipline musicale. Les œuvres lyriques de l'époque classique, particulièrement celles de Händel et de Mozart, répondent parfaitement à ce besoin.

J'ai donc cru bon de suggérer ici quelques pièces du grand Händel qui seront bénéfiques à chaque catégorie de voix : les unes pour favoriser l'agilité, les autres pour développer le legato, le souffle pour les longues phrases.

	Extraits	Œuvres
Soprano léger	« Lusinghe più care… »	*Alessandro*
	« Mio caro bene… »	*Rodelinda*
	« As when the dove… »	*Acis and Galatea*
	« Rejoice greatly »	*Messiah*
	« Alleluja »	*Esther*
Soprano lyrique	« Oh, had I Jubal's lyre »	*Joshua*
	« Piangerò la sorte mia »	*Giulio Cesare*
	« So shall the lute and harp awake »	*Judas Maccabeus*

	« Let the bright Seraphim »	*Samson*
	« Care selve »	*Atalanta*
Mezzo-soprano	« Cara sposa »	*Rinaldo*
	« Lascia ch'io pianga »	*Rinaldo*
	« Vo' far guerra »	*Rinaldo*
Ténor	« Ombra mai fu »	*Serse*
	« Wher'-er you walk »	*Semele*
	« Every valley »	*Messiah*
	« How vain is man »	*Judas Maccabeus*
	« Haste, Israel, haste »	*Joshua*
Baryton-basse	« See the raging flames arise »	*Joshua*
	« Why do the nations so furiously rage »	*Messiah*
	« The Lord worked wonders »	*Judas Maccabeus*
	« The trumpet shall sound »	*Messiah*
	« Oh, first in wisdom, first in power »	*Joshua*

Les sélections ci-dessus se trouvent presque toutes dans trois excellents albums publiés par l'éditeur International.

L'absence presque totale de Gluck et de Grétry dans le répertoire des maisons d'opéra en cette fin du XXe siècle fait qu'ils sont délaissés dans les études vocales d'aujourd'hui.Très regrettable, surtout dans le cas de Gluck ! Peu de chanteurs, il faut le reconnaître, peuvent rendre justice à son monumental répertoire, par exemple à *Iphigénie en Aulide*, à *Iphigénie en Tauride,* ainsi qu'à *Alceste.* Ces œuvres exigent non seulement de grandes voix disciplinées et une exceptionnelle maestria, mais encore des interprètes chevronnés dans l'art de la grande déclamation lyrique française. Oiseaux rarissimes !

Cependant, Gluck n'a pas écrit que de très grands et nobles ouvrages, tous trop dramatiques pour de jeunes voix. Par exemple, il a composé *La Rencontre imprévue,* qui ne contient pas moins de vingt airs et ariettes pour tous les genres de voix et idéalement écrits pour l'étude du chant. Tous morceaux qui remplacent avantageusement les exercices fastidieux.

Grétry, surnommé le Molière de la musique, a produit plus de cinquante opéras à Paris entre 1768 et 1803, dont quelques-uns sont de toute première valeur. Notamment *Zémire et Azor* (l'histoire de *La Belle et la Bête*), *L'Amant jaloux, Richard Cœur de Lion* et d'autres. La partition de *L'Amant jaloux* contient un choix d'airs tout à fait charmants et de difficulté moyenne. Ainsi, la sérénade pour ténor « Tandis que tout sommeille ». Mais il y a aussi l'air pour soprano coloratura « Je romps la chaîne qui m'engage », d'une grande difficulté, comparable aux airs de Constance dans *L'Enlèvement au sérail* de Mozart.

Ce répertoire si formateur mérite d'être mieux connu, surtout dans une perspective pédagogique et surtout des chanteurs francophones. Ces œuvres lyriques de l'époque classique n'ont jamais été égalées en pure beauté. Elles offrent l'instrument par excellence non seulement pour développer la technique vocale, mais tout autant pour enrichir l'esthétique du chanteur, son bon goût, son expression, sa sensibilité. Cette musique, éternellement jeune, faite de clarté, de mesure et de noblesse, ne tolère pas l'à-peu-près. Elle incarne « les vertus suprêmes d'un art policé ».

Professeurs et élèves, c'est là que vous devez puiser votre toute première inspiration. La maîtrise du bel canto prend indiscutablement sa source chez ces géants du classicisme. Leur influence est demeurée constante sur des générations d'interprètes. Cette école a même formé les plus remarquables chanteurs du vérisme de même que les wagnériens. Les grandes sopranos dramatiques Lilli Lehmann, Frida Leider, Birgit Nilsson, ayant poursuivi cette route, s'illustraient un jour dans le rôle d'Isolde et répétaient leur succès quelques jours plus tard dans celui de Donna Anna du *Don Giovanni* de Mozart.

Malgré certains préjugés qui ont cours sur les œuvres de la grande époque classique, celles-ci demeurent encore et toujours la source la plus riche où les chanteurs de classe vont puiser leur formation.

L'interprétation

Je ne disserterai pas longuement sur l'interprétation, sujet trop vaste et trop personnel. D'ailleurs, peut-on adéquatement enseigner cet art au moyen de directives livresques ? Je ne le crois pas. Dans le domaine des sentiments et de l'art pur, les règles absolues n'ont pas leur place. Qu'il suffise donc d'énoncer quelques principes de base.

L'interprétation lyrique, en effet, jaillit avant tout d'un don de vision à travers la musique et la poésie. C'est l'art de communiquer cette vision à l'entendement de l'auditeur.

En d'autres termes, l'art de l'interprétation prend sa source dans la pensée de l'interprète et non dans des règles systématisées. Il n'existe pas de science pour faire naître ce talent. On l'a ou on ne l'a pas.

Bien sûr, une culture musicale et stylistique approfondie enrichira une interprétation. Mais elle ne révélera pas les valeurs intrinsèques d'une œuvre d'art dont seul l'interprète-né sait découvrir le secret.

L'interprétation exclut l'invention

La première condition d'une fidèle interprétation repose sur le total respect du texte musical et poétique d'une œuvre lyrique. À cette seule condition on atteint l'évocation la plus juste de la pensée de l'auteur et on honore son style (voir le chapitre 9, intitulé « Le style et Mozart »).

Dans la sixième de ses *Soirées de l'orchestre,* Berlioz insistait : « Modifier la musique qu'on chante ou le livre qu'on traduit, sans en rien dire à celui qui l'écrivit avec beaucoup de réflexion, c'est commettre un indigne abus de confiance. Les gens qui empruntent sans prévenir sont appelés voleurs. Les interprètes infidèles sont des calomniateurs et des assassins. »

Souvenez-vous que l'interprète ne crée pas. Il recrée ce qui existe déjà sous une forme définitive. Cependant, cette forme définitive prend une expression particulière avec chaque voix, chaque tempérament, chaque degré de culture de l'interprète, c'est-à-dire sa capacité d'analyser et de disséquer un texte musical et poétique.

Le potentiel vocal requis

En second lieu, une interprétation adéquate d'un extrait d'opéra ou d'une mélodie exige du chanteur qu'il dispose du potentiel vocal requis pour cet extrait ou cette mélodie. Voilà, en réalité, ce qui explique ma brève incursion dans l'art complexe de l'interprétation. Qu'on le veuille ou non, seule l'émission vocale libre, nuancée, exempte de toute tension, de toute technique restrictive conduira à une interprétation acceptable sur le plan des sentiments, des couleurs, des inflexions et du style. Or, une œuvre qui se situe à l'extrême limite de l'étendue et de l'intensité de la voix de l'interprète compromettra inévitablement les plus précieuses dispositions de celui-ci. Une voix inadéquate sur le plan de l'écriture musicale le sera tout autant sur le plan de l'interprétation. (Le début du présent chapitre sur le choix judicieux du répertoire s'applique ici intégralement.)

Voici un exemple. Membre du jury d'un important concours international de chant, j'entendis un jeune baryton très doué dans le *Erlkönig (Le Roi des aulnes)* de Schubert. Les mots, leur couleur, le rythme, tout semblait bien en place, maîtrisé. Mais son incapacité de rendre les nuances voulues par l'auteur, c'est-à-dire dans ce cas de passer du fortissimo au pianissimo, et l'absence d'une déclamation énergique firent de ce chef-d'œuvre une caricature. La terreur, le choc, la détresse d'un enfant et de son père qui le voit mourir dans ses bras, décrits dans le texte de Goethe si génialement dramatisé par la musique de Schubert, passèrent inaperçus. Cas patent d'erreur de choix de répertoire.

Pour interpréter ce lied célèbre, la voix doit être capable de toutes les subtilités d'expression, y compris une belle ampleur déclamatoire, dans la vigueur comme dans la douceur, pour exprimer la gamme des émotions humaines qu'il contient.

Comme cela arrive très souvent, surtout dans les concours, ce candidat avait sans doute souhaité créer une impression très favorable en incluant cette immortelle composition dans son programme, peut-être avec l'espoir qu'elle ne soit pas choisie. En pareille circonstance, dès qu'un jury voit un morceau qui exige une exceptionnelle maestria, il le demande. Malheur au candidat téméraire! Souvenez-vous, jeunes chanteurs et chanteuses, que, en toutes occasions, vous gagnerez les meilleurs suffrages par une interprétation heureuse d'une composition de difficulté moyenne et que vous aurez bien maîtrisée, alors que vous avez tout à perdre en chantant d'une façon médiocre une œuvre spectaculaire qui vous dépasse.

L'articulation et l'énonciation

« C'est en soignant l'énonciation que l'on devient artiste. Même si vous avez une petite voix, on a la satisfaction de bien vous entendre. Pour cela, il est nécessaire de bien projeter les mots contre les dents et d'avoir des lèvres fortes et flexibles » (De Reszké).

La troisième et dernière condition essentielle à mon sens à une bonne interprétation consiste dans l'articulation et dans l'énonciation.

Le traité sur la diction que j'ai sous les yeux définit l'articulation comme suit : « Usage des lèvres, de la langue et autres parties de la résonance buccale pour la formation des mots. » D'autre part, l'énonciation est définie comme « la manière d'exprimer sa pensée ou la clarté et l'exactitude de la déclamation ». Celle-ci parachève donc celle-là.

En ce qui concerne ces deux piliers de l'interprétation, rares sont les chanteurs non coupables d'une incompréhensible négligence. Pourtant, ils tiennent à être expressifs, à impressionner. En négligeant la vibrante projection du mot, ils neutralisent le moyen de communication le plus naturel et le plus efficace. Il me semble que l'opéra en particulier est aussi du théâtre, c'est-à-dire que les sentiments, les émotions, les passions y ont leur place. Ces éléments font partie intégrante de la magie de l'art lyrique. L'opéra, vous en conviendrez, doit viser à autre chose qu'à un concours de vocifération.

L'articulation dans le chant, sauf dans le suraigu de la voix, peut fort bien être aussi nette que dans le discours.

H. P. Green, l'éminent professeur de chant américain, déclarait dans une conférence : « Tous les talents du chanteur, l'excellence de sa technique, son respect des règles de l'écriture musicale sont nuls si son chant n'est pas un discours chanté. »

Depuis la disparition des troupes traditionnelles et homogènes des grandes maisons d'opéra où chacun chantait dans sa propre langue ; depuis donc l'internationalisation quasi totale de ces mêmes maisons d'opéra où plusieurs interprètes nomades chantent dans une langue autre que la leur ; surtout depuis l'avènement des surtitres, l'articulation et l'énonciation ont disparu, et avec elles le phrasé, l'expression juste et, bien entendu, l'authenticité du style des œuvres. Pour ma part, il y a belle lurette que je n'ai entendu ou vu une représentation de *Carmen* chantée par des francophones, dans le style, ou tout simplement dans un français compréhensible.

Le mécanisme de l'articulation précise dépend essentiellement d'une libre résonance des cavités buccale et pharyngienne, c'est-à-dire d'une émission sans tension. Dans ces conditions, une articulation, même énergique, non seulement ne causera aucun obstacle à l'émission bien liée, bien legato, mais elle favorisera le maximun de timbre. À son tour, le maximum de timbre favorisera le maximum de beauté et de portée de la voix.

Julius Stockhausen (1826-1906), célèbre baryton pour qui Brahms composa les quinze mélodies du cycle *Magdelone Lieder*, écrivait : « L'articulation de la consonne est à l'émission ce que le clignotement de la paupière est à la vue. » Autrement dit, une bonne articulation ne gêne pas plus l'émission vocale que le clignotement de la paupière ne gêne la vue.

La valeur expressive d'une bonne articulation m'a été brillamment illustrée au cours d'une saison à l'opéra de Chicago. J'y chantais le rôle d'Alfredo aux côtés de Violetta *(La Traviata)* qu'interprétait Maria Callas. Celle-ci était à peine âgée de trente ans, et sa voix, déjà fort inégale, avait aussi perdu de sa pureté et de son éclat. Était-ce là le prix à payer pour avoir chanté Santuzza *(Cavalleria rusticana)* à l'âge de quatorze ans et le rôle-titre dans *Tosca* à vingt ans ? Nul doute ! Mais la vigueur et le mordant de son articulation de même que la justesse de son énonciation donnaient au texte des nuances et une expression miraculeuses. Sa puissance dramatique, maintenant légendaire, venait non seulement de son tempérament, mais de l'intensité de la projection de ce que Verdi appelait *la parola drammatica*. Cette grande artiste est reconnue comme la tragédienne lyrique peut-être la plus remarquable de notre siècle. Le secret en est sûrement dans sa déclamation chantée.

Ai-je besoin d'insister encore une fois sur ce point ? La voix la plus agréable à entendre est toujours celle qui projette la gamme de couleurs la plus généreuse. La diversité dans le timbre, obtenue grâce au coloris des voyelles dans les mots, est la source de la beauté et de l'expression du chant. Le chanteur a souvent été décrit comme un peintre sonore. Pour que cette analogie s'applique, la voyelle pure doit dominer et elle dominera d'autant plus qu'elle sera encadrée par une articulation nette et énergique. Une consonne rapide, claire, précise, prononcée sans insistance excessive, donne son vrai caractère au chant expressif. Je le répète, il ne faut pas insister sur une articulation irréprochable dans l'extrême aigu de la voix. La grande ouverture de la bouche, nécessitée dans cette zone de l'émission, handicape l'articulation. Dans ce cas, c'est excusable.

En terminant ce chapitre, un mot sur le rôle important des lèvres dans l'articulation Leur grande flexibilité permet de mouler les mots, de les colorer et de les projeter avec clarté et force. Elles sont le dernier stade du polissage du son et contribuent largement à la précision, au charme, à l'élégance du texte chanté. Servez-vous-en généreusement.

CHAPITRE 8

Art vocal et beauté

> *Chanter est la chose la plus naturelle du monde, la plus proche de cette mystérieuse exigence créatrice qui nous presse, tous, de nous exprimer. Mais elle est celle aussi qui supporte le moins d'être imparfaite en raison même de sa spontanéité qui la rend plus fragile.*
>
> CHARLES PANZERA

La carrière du chanteur peut être définie comme un métier ou comme une profession. Elle est surtout un art. Les professeurs de chant et leurs élèves doivent s'en convaincre pour mener leur tâche respective à bonne fin.

Tout au long des chapitres précédents, j'ai parlé de l'art vocal aussi souvent sinon plus que de la technique vocale. Chanter active un mécanisme de phonation qui pourra spontanément et à l'occasion nous livrer des sons harmonieux, agréables. Mais l'art du chant ne se résume pas à des sons produits par une action musculaire, physiologique.

Ces sons doivent posséder le pouvoir de communiquer, de sensibiliser, d'émouvoir. Seules l'âme du chanteur, son intelligence, sa musicalité le leur donneront. La voix n'est que la servante du cerveau. L'image mentale préside à la culture du geste chanté.

Un violoniste d'une virtuosité éblouissante peut bien posséder un Stradivarius et demeurer incapable de le faire chanter expressivement. De même, le chanteur qui ne réussit qu'à étaler une jolie voix devient vite ennuyeux. La constante préoccupation d'obtenir de beaux sons, surtout dans la force, par la seule technique vocale aura tôt fait d'étouffer l'expression.

La recherche de la qualité vocale doit toujours être motivée par une juste compréhension du texte et le pouvoir de la communiquer. De là seulement naît la beauté dans le chant, l'essence même du bel canto. On a tort de croire que celui-ci ne vit que d'acrobaties et de virtuosité. Sa qualité sonore procède tout autant du sentiment et de l'expression.

★ ★ ★

> *Cerca la qualità e la quantità verra.*
> (Recherche la qualité et la quantité viendra.)
>
> Règle d'or des bel cantistes

L'élément principal d'une forme d'art se décrit d'abord par le degré de qualité, de beauté de cette forme. L'exercice d'un art vise donc à l'idéalisation d'une expression humaine. À cette fin, l'artiste canalise ses talents en se conformant aux principes fondamentaux qui mènent à cette idéalisation.

Ainsi, le jeune chanteur doit tendre avant tout à la qualité de son émission. L'art du chant n'a rien à voir avec le bruit. Le chanteur aura beau faire appel à tous les trucs du monde pour cultiver sa voix, si ceux-ci ne contribuent pas essentiellement à créer une certaine beauté dans son émission (et ils y arrivent rarement), il n'aboutira qu'à la médiocrité.

Le chant étant un geste naturel, les procédés artificiels ne peuvent que contrevenir à sa nature et mener à des résultats négatifs. Seuls la beauté du timbre et le message qu'il contient guideront le jeune artiste vers le succès.

Avec le XIXe et surtout le XXe siècle, l'enseignement vocal a pris une nouvelle orientation. Cela s'explique d'abord par la nature des nouveaux ouvrages lyriques, particulièrement ceux de Wagner, de Leoncavallo, de Mascagni et d'autres, puis par l'expansion exagérée des théâtres d'opéra, surtout en Amérique, et par le nombre croissant de musiciens dans l'orchestre.

À partir de ce moment, la poursuite du bel canto a dû

bifurquer d'une façon importante afin de se mesurer aux nouvelles exigences. Pour y parvenir, on a, peu à peu, relégué au second plan la qualité et la beauté vocales au profit de la quantité et de technologies prétendument rationnelles.

Cela a donné naissance à toutes sortes de convulsions dans le monde de l'enseignement du chant et a précipité le déclin du bel canto. La priorité dans la recherche du gros et du fort a d'abord fait oublier son but essentiel. Mais cela a aussi créé chez de nombreux candidats de talent un complexe d'infériorité, un sentiment d'insécurité. Les uns, déçus d'eux-mêmes à cause de leur incapacité de chanter en force, ne voient aucune possibilité de réussir. Les autres, déterminés à faire face au défi, cèdent malgré eux à la théorie de la robustesse. Le surmenage qu'ils imposent à leur mécanisme de phonation ne tarde pas à exercer des ravages et à engendrer le chevrotement ou, plus grave encore, la ruine de leur instrument.

Pour la centième fois peut-être, je réitère que la pureté de la voyelle grâce à une émission libre, la couleur du timbre, les nuances dans la flexibilité constituent les éléments fondamentaux de l'art vocal, du bel canto. Une émission forcée en est l'antithèse.

Par surcroît, la patiente poursuite de ces éléments fondamentaux donnera à la voix la *quantità,* c'est-à-dire le volume, la puissance maximale qu'une voix peut atteindre. La pleine résonance d'une voix, la totalité de sa *vibrazione* ne se réalisent que dans la liberté et dans la qualité de l'émission. Lauritz Melchior, le « Heldentenor » par excellence des années 1920 jusqu'à 1950, maintenait que le ténor héroïque n'est pas né tout simplement ; il est développé. Melchior chanta son premier *Tristan* à trente-neuf ans...

★ ★ ★

Chi va piano va sano e chi va sano va lontano.

Le jeune chanteur d'aujourd'hui accepte difficilement la devise ci-dessus. Il évolue dans une société impatiente qui veut satisfaire ses désirs maintenant, régler ses problèmes sur-le-champ, atteindre un objectif majeur mardi prochain. Mentalité néfaste dans la poursuite de l'art en général et particulièrement de l'art vocal. Celui-ci, fruit d'une certaine maturité, tombe alors sous les coups de mille raccourcis dangereux. La formation du chanteur reste incomplète, superficielle.

La vraie route vers le vrai succès artistique est un défi sans fin, une lutte éternelle, un perpétuel recommencement. La mesure du succès est proportionnée à l'effort multiplié. L'art jaillit d'une synthèse patiemment édifiée sur ses moindres parties. L'une des pages liminaires de ce livre vous a déjà prévenus : le temps ne respecte rien de ce qui a été fait sans lui. Jeunes chanteurs et chanteuses, cultivez lentement la voix que vous avez et non celle que vous voudriez avoir. Évitez de forcer prématurément son étendue et d'alourdir son intensité. La voix doit mûrir ; seul le chanteur patient ira loin. Les efforts irrationnels pour accélérer cette maturité de votre potentiel se paieraient très cher et pourraient même vous mener au suicide vocal.

Il reste que, une fois que l'on est engagé dans la poursuite d'un art, quel qu'il soit, donc dans la poursuite de l'excellence, il n'est plus question de compromis. Il n'y a aucune raison pour le jeune chanteur d'aspirer à une carrière importante, internationale, s'il ne vise pas à être le meilleur, le plus raffiné, à quitter les rangs des dilettantes. Le talent est capital, cela va de soi ; mais il doit être servi par une immense ambition et par la volonté inébranlable de réussir.

Puisque le mot « technique » revient sans cesse sur les lèvres du professeur de chant, à quoi celle-ci doit-elle donc servir et quelles doivent être ses limites dans la culture de la voix ?

Permettez-moi de citer d'abord un mot célèbre du sculpteur français Auguste Rodin. Au cours d'une exposition de ses œuvres à Paris, une admiratrice lui demanda comment il pouvait bien extraire du marbre informe des sculptures aussi superbes. « Mais c'est très simple, de répondre Rodin, les sculptures sont déjà à l'intérieur de ces marbres, il suffit d'enlever le superflu. »

Il en est de même pour la voix. La technique du chant ne doit permettre de dévoiler que ce qui est déjà là, de libérer le mécanisme naturel du geste chanté ; elle ne peut se traduire en contraintes et en concepts restrictifs. Plus précisément, et à l'échelle sonore et vocale, enlever le superflu reviendrait à rectifier une émission à tendance gutturale, nasillarde, serrée, forcée, pincée, que sais-je encore ? Cette rectification libératrice redonnera à la voix sa pureté, sa vraie couleur et sa facilité.

Facilité, voilà le mot clef. Vos études, jeunes chanteurs, doivent vous aider à acquérir cette facilité d'émission qui vous permettra d'assumer une certaine variété de rôles d'opéra judicieusement choisis. Vous devrez apporter à ces rôles une interprétation imprégnée de votre sensibilité, riche en nuances et dans le plus profond respect des désirs exprimés par le compositeur. Seule la facilité d'émission vous accordera cette possibilité.

Par ailleurs, cette facilité vous évitera de paniquer à la moindre difficulté. Elle vous permettra surtout de chanter jour après jour, répétition après répétition, souvent dans des conditions pénibles. Elle vous laissera suffisamment de fraîcheur dans la voix pour que vous vous tiriez honorablement d'une exécution d'opéra qui s'enchaîne à une répétition. Enfin, la facilité, règle sine qua non du chant artistique, fera de vous le chanteur élu au service de la grande tradition du bel canto.

« L'art du chant est l'aboutissement d'une technique vocale parfaite dont le but essentiel est de permettre au futur artiste lyrique de chanter souvent, longtemps, sans effort et sans fatigue. Il ne faut pas oublier que celui-ci devra se produire plusieurs fois par semaine, chanter une soirée entière, dominer un orchestre de quatre-vingts musiciens ou davantage sans sonorisation, qu'il lui faudra non seulement chanter, mais se soumettre aux exigences de la mise en scène : marcher, courir, s'agenouiller, se battre, tomber, se traîner à terre, etc. Tout cela requiert une excellente technique vocale, ainsi qu'une résistance physique et nerveuse à toute épreuve, et va nécessiter un entraînement quotidien intensif » (*La Voix chantée,* Nicole Scotto di Carlo).

Le météore le plus spectaculaire au firmament de l'art lyrique en ce moment est incontestablement la mezzo Cecilia Bartoli. Son secret ? Une jolie voix, bien sûr, homogène, une absolue maîtrise de la ligne vocale — le legato — et une éblouissante agilité. Elle chante avec une facilité et une spontanéitié désarmantes. Son émission fluide exhale la fraîcheur, l'élégance, la joie du chant. Son articulation et la pureté des voyelles italiennes de sa langue maternelle ne sont rien de moins qu'admirables. Bref, son art illustre le naturel du beau geste chanté. Cette artiste incarne l'idéal de l'art vocal. Un modèle et une inspiration pour tous les jeunes chanteurs.

Il va de soi que la qualité d'une voix ne jaillit pas automatiquement grâce à un enseignement rationnel, efficace. Un véritable potentiel vocal doit être présent au départ chez celui qui a une carrière professionnelle en vue. Celui-ci doit absolument se convaincre qu'il n'y a pas plus de substitut possible aux dons vocaux exceptionnels qu'au talent.

Aucune méthode ou technique ne pourra jamais y suppléer. Une voix inadéquate peut progresser modestement ; mais elle demeurera inadéquate en dépit de la plus héroïque détermination. L'enseignement développe et discipline une voix moyenne. Mais seule la nature peut créer une voix extraordinaire.

D'autre part, maints jeunes chanteurs doués d'une voix de qualité n'ont pas, hélas, les capacités intellectuelles ou, encore, la volonté de fer et la discipline nécessaires pour faire face aux complexités d'une carrière.

Rares sont les chanteurs qui s'adonnent assidûment à l'étude du chant dans le seul espoir de devenir choristes. Le rêve d'une carrière prestigieuse motive la majorité d'entre eux. Il reste que le succès, même modéré, ne s'obtient qu'à grand prix, c'est-à-dire qu'il faut viser très haut. Souvenez-vous que le meilleur n'est jamais trop bon dans le domaine artistique.

Reynaldo Hahn nous dit : « Le chant est un art dans lequel on ne doit s'aventurer qu'avec le désir profond d'étudier avec un sérieux, une application et une persévérance infatigables. C'est cette gravité, ce recueillement, cette volonté perpétuellement en éveil, cette persévérance ardente et passionnée qui manquent aujourd'hui à presque tous les chanteurs. »

À travers la voix, c'est l'âme qui chante

Tout comme la mélodie est l'âme de la musique, le chant devient le miroir de l'âme. L'artiste se distingue beaucoup plus par son goût, sa sensibilité, son style, son raffinement que par l'habileté mécanique de son chant.

Les générations antérieures de chanteurs devaient aspirer à un art vocal beaucoup plus accompli que ne le font celles que nous connaissons. Elles devaient avoir une conscience artistique plus authentique, exigée par la société d'alors, pour laquelle l'art ne suffoquait point dans une mer de matérialisme et de médiocrité.

L'art lyrique à notre époque (je pense surtout à l'opéra que trop de metteurs en scène frivoles réduisent à une bouffonnerie) risque fort d'être supplanté par le show-business. L'inspiration et l'édification le cèdent à l'*entertainment*, à l'amusement, au divertissement. Là, le raffinement brille habituellement par son absence.

Dans ce climat, le jeune chanteur subit la tentation pressante de passer outre aux considérations qualitatives au profit d'un succès relativement facile, immédiat et souvent plus rémunérateur.

Les goûts changent avec les époques et pas nécessairement pour le mieux. L'esthétique de l'art vocal n'y échappe pas. Mais quels que soient les caprices qui affecteront le chant et en dépit du nombre de chanteurs qui encombrent cette profession, il y aura toujours place pour l'artiste qu'inspire l'idéal du bel canto. Quelles que soient enfin les conceptions technologiques novatrices et fantaisistes dans la culture de la voix, le mécanisme de celle-ci, qui opère selon les strictes lois naturelles, demeurera éternellement le même, tout comme les lois immuables qui mènent au bel canto.

CHAPITRE 9

Le style et Mozart

Oratio vultus animi est...
(Le style est le visage de l'âme...)

SÉNÈQUE

Au cours d'un entretien sur l'interprétation musicale et vocale à l'Université des Annales de Paris en 1914, on demanda à Reynaldo Hahn, dont les œuvres sont remplies de finesse, de définir le style dans l'interprétation vocale, ou encore de préciser ce que c'est que d'avoir du style en chantant. Il répondit : « Mais je n'en sais rien... chaque musicien a son style... » Puis, se ravisant, il se mit au piano et, d'une voix timide accompagnée avec sensibilité, il entreprit de décrire le style à l'aide de quelques pages célèbres des opéras de Gluck, de Mozart et de Debussy, et de quelques passages de mélodies et de lieder.

Le style, on le voit, est inexistant en soi. Ce n'est pas un concept isolé, une formule stéréotypée. C'est une qualité particulière qui distingue ou idéalise une forme. Le style n'existe que par expérience personnelle, dans la recherche du sens premier, intrinsèque d'une œuvre. C'est la marque unique qu'un compositeur donne à sa création, qu'un chanteur donne à son interprétation, qu'un individu donne à son comportement, etc.

C'est à partir de là qu'il faut tenter d'élucider, si possible, la question du style, grâce à un sens aigu de l'analyse, de la psychologie, de l'esthétique, du goût, du raffinement.

C'est peut-être cette multiplicité des visages du style qui a tout d'abord motivé la réponse laconique de Reynaldo Hahn.

Mais d'abord, d'où vient le mot « style » ? Le *stulos* ou *stilus* était un poinçon de métal avec lequel les anciens écrivaient sur des tablettes de cire. Par extension, le mot « style » a été choisi pour définir la manière propre d'écrire, d'exprimer sa pensée, ses sentiments. Par extension aussi, le mot « style » a fini par désigner les caractéristiques générales des œuvres d'art d'une époque. Le style baroque, par exemple, le style gothique, le style Louis XVI, etc.

Mais le style d'une époque n'a rien ou n'a que très peu à voir avec l'essence même du style dans l'interprétation. Le plus beau costume d'époque ne donnera pas nécessairement du style à un piètre comédien ; il pourrait tout au contraire le rendre ridicule. Dans les arts d'interprétation, le style s'appuie essentiellement sur un concept d'idéalisation des moyens d'expression de l'interprète à partir de la substance de l'œuvre. A priori, le style se confond avec la qualité.

Une importante précision qu'il faut dès maintenant apporter est l'incompatibilité du style et de la stylisation. Celle-ci, fort à la mode, n'est pas autre chose que la prostitution du concept intégral d'une œuvre d'art. Présenter *La Flûte enchantée* de Mozart dans la stylisation punk, *Carmen* à l'intérieur d'un cirque ou, encore, faire mourir Mimi de *La Bohème* à la suite d'une injection de drogue… voilà des caricatures de styles qui tournent de purs chefs-d'œuvre en parodies.

« Le style est une spécialisation de la sensibilité », a écrit Rémy de Gourmont. Dès lors, ce ne sera pas un énoncé de dogmes objectifs et savants qui le définira le plus justement, mais plutôt l'analyse de l'interprétation d'une page vocale idéalement chantée par un artiste inspiré qui a découvert la quintessence d'une œuvre de valeur. Ce qui est synonyme de culte du vrai et du beau. De sorte que le style le plus pur a inévitablement une teinte subjective en chant comme en littérature. Chaque individu a sa langue, chaque chanteur a son timbre. Chez l'un comme chez l'autre, les nuances sont infinies. On pourrait presque s'arrêter là, ne plus chercher à définir le style puisqu'on est impuissant à en établir les règles générales, universelles. « Le style, c'est l'homme », a si bien dit Buffon.

Nous irons plus loin cependant. Alors qu'il est impossible d'enseigner un style dans la création littéraire — ce serait du plagiat —, ce n'est pas le cas pour les arts d'interprétation, en musique, en chant ou au théâtre.

L'art de l'interprète vise à l'évocation la plus exacte de la pensée d'un compositeur, d'un dramaturge. On part donc d'une forme matérielle, originelle, définitive, immuable, comme un opéra ou une pièce de théâtre, que le génie de l'auteur, l'époque de la création, les justes traditions ont consacrée. C'est le cas du classicisme dans son parfait équilibre, dans l'harmonie de ses formes, dans sa pureté, sa simplicité, sa beauté. Le style classique résulte de la synthèse de ces qualités, et c'est lui qui a assuré la survie des grandes œuvres de l'humanité, y compris, bien entendu, la musique que Mozart a idéalisée dans sa forme la plus sublime.

Ainsi, l'art de l'interprète inspiré par une œuvre de cette valeur sera d'autant plus parfait qu'il se rapprochera de la pensée du créateur en respectant rigoureusement les règles établies pour son exécution.

Sans aucun doute, le chanteur consciencieux est tout naturellement poussé vers la recherche du style voulu par l'auteur sans pour cela renoncer au sien, issu de sa sensibilité, des coloris de sa voix, de son phrasé, etc. Le style demeure donc inhérent à l'interprète comme il l'est à l'œuvre. Comment concilier les deux ?

Quel est le style inhérent à l'œuvre lyrique de Mozart ? Si nous partons du principe que chaque grande œuvre d'art a son style propre, nous pouvons affirmer sans hésitation qu'une œuvre lyrique théâtrale de Mozart puise son élément essentiel d'expression dans le plus pur langage musical. Quel que soit le contenu dramatique de ses opéras, la musique demeure toujours la musique, c'est-à-dire la musicalité la plus épurée. On se souviendra que Mozart a lui-même écrit que « la poésie doit être la servante aveugle de la musique ».

Mozart était l'héritier d'une tradition lyrique déjà imposante : Vivaldi, Scarlatti, Bach ; il a connu Johann Christian Bach à Londres. Il a entendu les opéras de Gluck à Paris et à Munich. Il a été l'ami de Haydn à Vienne. Il a orchestré *Acis et Galathée* et *Le Messie* de Händel. Grâce à son indéfinissable génie, il a couronné cette époque classique d'une miraculeuse pureté sonore, enrichie de multiples formes d'expression, de factures techniques éblouissantes, tout en gardant un équilibre parfait, une suprême élégance aussi bien qu'une puissante expressivité.

Si le style est avant tout une illustration de la qualité, nous sommes ici en présence d'un style musical dans sa quintessence. Le défi de taille pour le chanteur dans sa poursuite du style intégral chez Mozart est d'obtenir d'abord une émission vocale faite de pureté, de liberté, de facilité et d'élégance, le tout soumis à une discipline quasi instrumentale. On ne devient pas un styliste mozartien du jour au lendemain. Ce qui faisait dire au célèbre critique Bernard Shaw : « Mozart est le seul musicien qui, à ce jour, ait composé une musique digne de la bouche de Dieu. »

Dans la dernière scène des *Noces de Figaro,* le comte, à genoux, implore la comtesse de bien vouloir lui pardonner ses fredaines dans une courte et sublime phrase musicale, « *Contessa, perdono…* », aussitôt reprise par la comtesse elle-même et finalement par l'ensemble des interprètes. En quelques mesures seulement, Mozart décrit la beauté de l'amour conjugal que des pages de Victor Hugo sur le même sujet ne sauraient égaler. Un comte à la voix nasillarde, gutturale, pincée devrait être frappé d'anathème.

Il faut sans cesse se rappeler que Mozart composait pour une exceptionnelle élite. Son style est ciselé d'une éloquence courtoise, galante, surtout dans ses premières œuvres pour le théâtre. Mais ses personnages ne manquent pas de réalisme psychologique quand il le faut. Il devient sombre, tragique déjà dans *Idomeneo* (1782), dans *Don Giovanni* et surtout dans ses dernières œuvres symphoniques, ainsi que bien entendu dans le *Requiem*.

Così fan tutte, pour celui qui sait pénétrer sous l'écorce de ce divertimento, contient beaucoup plus de pages dramatiques que ne le laissent croire trop de productions stylisées en grosses farces. C'est donc toujours dans le caractère de cet ordre classique, superbe, infaillible, d'un langage idéalisé, que Mozart exprime joie, souffrance, idéalisme, bonhomie et bien d'autres émotions.

Aristocratique dans sa forme, cette écriture demeure aristocratique dans son expression. Voilà, après la pure émission vocale mentionnée plus haut, une autre préoccupation principale de l'interprète de cette musique. Il faut éviter l'excès d'exaltation au profit de la recherche de l'équilibre classique dans une calme et noble sobriété et en pleine maîtrise de son art.

« Chez Mozart, écrit encore Bernard Shaw, l'exécution la plus raffinée, marquée de beauté, d'expression et d'intelligence, sera seule digne de sa musique. Le défi le plus redoutable est que ses phrases sont si parfaitement claires et directes que la moindre déviation, ne serait-ce que d'un cheveu, est immédiatement apparente. D'autre part, votre performance peut paraître si simple qu'on en déduira que tout cela est facile et on vous accusera volontiers de truquer. Il va sans dire qu'on entend très peu de fidèles interprétations de Mozart et le peu qu'on entend sert surtout à démolir sa réputation. »

Comment atteint-on cet équilibre classique en chantant ? Être classique dans l'expression, c'est être partiellement impersonnel sans pour cela renoncer à la sensibilité, à l'émotion, à la tendresse. Au théâtre, à l'opéra, on crée un personnage dont le caractère, au lieu d'être détaillé d'une façon purement subjective et réaliste, le sera d'une façon objective et universelle. L'époque classique révèle l'esthétique de l'équilibre, de la clarté et de la dignité ; la raison pure en est le dénominateur.

Au premier acte de *Don Giovanni,* Donna Anna vient d'assister à l'assassinat de son père le Commandeur. Dans l'air *« Or sai chi l'onore... »,* elle implore son fiancé, Don Ottavio, de la venger. Bien entendu, elle ne doit pas chanter cet air avec un désespoir académique. Elle est déchirée, horrifiée, anéantie à la pensée de cet abominable crime... Il s'agit d'une lamentation tourmentée et émouvante dans laquelle elle implore son fiancé de punir le coupable. Mais tout cela doit être exprimé avec une noble résignation, une ardeur maîtrisée tout en étant véhémente, et ce, dans le ton de l'équilibre classique. La véhémence dans l'interprétation du rôle d'Elektra dans l'opéra du même nom de Richard Strauss, au contraire, est parsemée d'accents quasi vociférés. Ce sont de spectaculaires soubresauts d'une écriture vocale vériste et virulente, soulignée par des éclatements orchestraux, tout à l'opposé de la sobriété, de la netteté et du caractère contenu de l'écriture de Mozart.

Le chanteur poursuit également l'équilibre classique en se rappelant sans cesse que Mozart est avant tout instrumental dans son écriture lyrique. Son incroyable génie musical fait que ses opéras, par exemple, sont des merveilles tout autant musicales que théâtrales. Sa maîtrise du langage symphonique lui permet de mettre, à cette époque déjà, de larges forces instrumentales au service des voix et, de la sorte, de les rendre plus expressives. Ses airs de concert — on en compte plus de quarante — sont, pour ainsi dire, des concertos miniatures pour voix et orchestre dans lesquels il exploite en particulier la voix de soprano jusqu'à son ultime étendue, dans toute sa flexibilité et toute son agilité, tout comme s'il avait écrit pour la flûte ou la clarinette. Les rôles de la Reine de la nuit dans *La Flûte enchantée* et de Constance dans *L'Enlèvement au sérail* sont de la même veine.

Mais, cette virtuosité instrumentale dans l'écriture musicale du XVIIIe siècle, particulièrement chez Mozart, n'exclut pas l'expérience humaine. Elle est tout simplement vécue ici dans une matérialité épurée, exempte des excès vocaux de toutes sortes, comme les coups de glotte, les sanglots artificiels, les *portamenti* larmoyants ou la vocifé019ration. Ce sont là des moyens d'expression d'une autre époque et d'un tout autre style.

Mais, il faut bien l'avouer, ce style épuré du XVIIIe siècle devient de plus en plus difficile à saisir avec l'éloignement. Jour après jour, nous sommes submergés par le langage romantique, sentimental, peu discipliné. Jour après jour, nous évoluons dans une société ivre de technologies nouvelles qui obscurcissent les valeurs traditionnelles. Avec l'absence presque totale de l'étude des classiques grecs et latins dans notre formation contemporaine, la transposition de notre culture moderne sur le plan de l'universalité du langage classique, la servitude exigée et son élégance, ne restent plus à la portée que d'une élite restreinte.

Cependant, comme les sommets de la créativité de cette époque classique n'ont jamais été dépassés, c'est dans cette grande tradition que demeure la clef de la plus belle formation du chanteur. Surtout que celui-ci est probablement le plus indiscipliné et le moins respectueux du texte de tous les exécutants en musique. Alors que le pianiste n'oserait jamais changer une note d'une sonate de Beethoven, le chanteur, lui, n'hésite généralement pas à transposer, à traduire, à ajouter ou à supprimer des notes, à en modifier la valeur, à négliger les indications de la dynamique, etc. Par bonheur, il ose rarement se livrer à ce tripatouillage dans les œuvres de Mozart.

Le premier péché contre le style est un péché contre la lettre.

STRAVINSKI

Le 30 juillet 1778, Mozart écrivait à Aloysia Weber et lui donnait les conseils suivants pour l'interprétation de l'air « *Ah, lo prevedi* », K. 272, qu'il lui avait fait parvenir : « Je te conseille de bien respecter les indications relatives à l'expression, de bien réfléchir à la signification et à la force des mots, de t'identifier très sérieusement au personnage d'Andromède et de te situer dans son contexte réel. »

La plus belle création dans les arts d'interprétation ne révélera sa vraie valeur que dans la mesure où elle sera exprimée selon les normes conçues par son auteur. Un styliste de classe ne péchera jamais contre le génie qu'il interprète, car le style est peut-être plus révélateur d'un compositeur que ses idées. On peut même ajouter que, si une œuvre valable ne vit sans doute pas par le style seul, elle ne subsiste généralement que par lui.

J'aimerais citer un exemple éloquent de la nécessité d'observer fidèlement les conseils de Mozart à Aloysia Weber. Dans la scène finale de l'opéra *Don Giovanni*, le somptueux dîner du héros est soudainement interrompu par un visiteur inattendu. La statue du Commandeur que Don Giovanni avait cavalièrement invitée à dîner frappe à la porte. Venu lui ouvrir, le serviteur Leporello pousse des cris d'horreur à la vue de ce sinistre « convive de marbre ». Contrarié, Don Giovanni demande par trois fois : « *Che cos'è ?* » (Qu'est-ce que c'est ?). Les deux premières fois avec force et bravade, mais la troisième *piano,* murmurée, presque sans voix, selon l'indication de l'auteur. La stricte observance de cette indication significative dans la dynamique — trop souvent ignorée — a un effet théâtral bouleversant. Elle indique que, pour la première fois depuis le lever de rideau, un doute effroyable a soudain traversé l'esprit de cet impie à la pensée qu'une puissance de l'au-delà pourrait mettre fin subitement à ses iniquités. Détail d'interprétation minime, me direz-vous, mais pourtant essentiel dans la démonstration de la chute imminente de ce « monstre perfide », comme l'appelle Elvira dans le premier acte.

L'œuvre lyrique de Mozart est parsemée de ces subtilités dont le respect est la clef du style de ce langage musical si finement ciselé. L'infatigable recherche du style chez Mozart est donc capitale. Qui s'y consacre finira par voir ses efforts bénis du dieu de Salzbourg, du moins jusqu'à un certain point. Car il est vain de croire que nous pouvons aujourd'hui retrouver l'authenticité d'opéras créés il y a plus de deux cents ans ; c'est là une autre difficulté quand il s'agit de respecter le style des œuvres lyriques du XVIIIe siècle.

Nos vastes théâtres et les grands orchestres qu'ils exigent, l'attitude de plus en plus vaniteuse des chanteurs qui cherchent davantage à se servir de la musique qu'à la servir, le jeu scénique, les auditeurs même, bref le cadre a trop évolué pour que le spectacle lyrique demeure strictement authentique. Mozart a créé son *Don Giovanni* au théâtre national de Prague, le théâtre Tyl, d'environ huit cents places, avec un orchestre d'à peine vingt-quatre musiciens. L'écriture vocale et orchestrale était donc appropriée à ces dimensions de même qu'à l'interprétation. Le rôle-titre était confié à un baryton léger, Luigi Bassi, qui n'avait pas encore vingt-deux ans. Le même opéra est présenté aujourd'hui au Metropolitan Opera, qui compte trois mille huit cents sièges, et avec un orchestre d'une soixantaine de musiciens. Dans une aussi vaste enceinte, le chanteur est incapable de communiquer la finesse, la subtilité d'une œuvre comme ce *dramma giocoso*.

En réalité, sa première préoccupation est de se faire entendre, et dans un tel environnement il risque de vociférer plutôt que de chanter. Le résultat est que ces conditions faussent la perception du style chez l'interprète aussi bien que chez l'auditeur. On le voit donc, le concept d'un créateur, c'est-à-dire le style d'une époque, n'est pas toujours facile à déceler, et encore plus difficile à défendre. Une chose est certaine, ce défi se situe malheureusement bien au-dessus des capacités de trop d'amateurs, ou simplement de fumistes qui se donnent une vocation de novateurs sans avoir la moindre idée du suprême génie de Mozart ou des dimensions du classicisme musical du XVIIIe siècle. C'est dans le charlatanisme qu'ils se réfugient.

Que les opéras de Mozart et leur langage musical jamais surpassé aient brillamment survécu à l'usure et aux affronts de deux siècles est une preuve suffisante qu'ils peuvent se défendre sans être affublés de faux clinquants du plus mauvais goût, comme cette ridicule présentation de *La Flûte enchantée* dans le style punk.

Fort heureusement, quelles que soient les inepties infligées aux grandes œuvres lyriques, celles-ci continuent leur marche imperturbable dans le temps alors que les petits esprits novateurs disparaissent avec la tombée du rideau sur leur insipide stylisation. Ce qui est navrant, c'est que l'on continue à confier la production d'opéras à des ignares en matière musicale alors que l'essence même de cette forme d'art est précisément la musique.

Je conçois que l'opéra au XXᵉ siècle doive être autre chose qu'un concert en costume comme c'était souvent le cas au XVIIIᵉ siècle. Mais l'intégrité dans l'interprétation des divers éléments d'un spectacle lyrique doit demeurer la principale motivation parce que c'est la seule voie qui conduise au style le plus juste d'une œuvre. Y parvenir requiert temps, recherches, analyse, intuition, humilité et honnêteté. Au début, on peut ressentir une certaine réticence vis-à-vis de Mozart que l'on associe trop simplement au rococo, aux perruques poudrées, aux jabots de dentelle, aux costumes extravagants. Mozart était bien autre chose. Nul mieux que lui n'a décrit l'universalité des passions humaines dans les pages sublimes des *Noces de Figaro*, de *Don Giovanni* ou de *Così fan tutte*.

Il faut aimer passionnément Mozart et s'armer d'une opiniâtreté farouche pour pénétrer et maîtriser le raffinement de son style. Si l'on s'en juge incapable, mieux vaut renoncer à ses œuvres.

Il reste que la littérature vocale du XVIIIᵉ siècle, dont il est le sommet, est une discipline à nulle autre pareille. Et le chanteur qui saura en faire jaillir l'âme, l'essence et la beauté se hissera au rang du petit nombre d'interprètes épris d'idéalisation artistique.

Table des matières

PRÉFACE — 11

AVERTISSEMENT — 15

INTRODUCTION • Considérations générales sur l'enseignement du chant — 17

CHAPITRE 1 • La pureté de la voyelle, pierre angulaire du bel canto — 35

CHAPITRE 2 • L'émission libre, pilier fondamental du chant expressif — 57

CHAPITRE 3 • Chanter avec ampleur — 73

CHAPITRE 4 • Le souffle — 83

CHAPITRE 5 • Les registres, inexistants
   pour une voix saine   93

CHAPITRE 6 • Les mouvements dans l'émission vocale :
   vibrato – trémolo – chevrotement   101

CHAPITRE 7 • Le choix du répertoire, clef du succès
   ou de la faillite : l'interprétation   111

CHAPITRE 8 • Art vocal et beauté   135

CHAPITRE 9 • Le style et Mozart   145

DANS LA COLLECTION « BORÉAL COMPACT »

1. Louis Hémon
   Maria Chapdelaine

2. Michel Jurdant
   Le Défi écologiste

3. Jacques Savoie
   Le Récif du Prince

4. Jacques Bertin
   Félix Leclerc, le roi heureux

5. Louise Dechêne
   *Habitants et Marchands
   de Montréal au XVIIe siècle*

6. Pierre Bourgault
   Écrits polémiques

7. Gabrielle Roy
   La Détresse et l'Enchantement

8. Gabrielle Roy
   *De quoi t'ennuies-tu, Éveline ?
   suivi de Ély ! Ély ! Ély !*

9. Jacques Godbout
   L'Aquarium

10. Jacques Godbout
    Le Couteau sur la table

11. Louis Caron
    Le Canard de bois

12. Louis Caron
    La Corne de brume

13. Jacques Godbout
    Le Murmure marchand

14. Paul-André Linteau,
    René Durocher, Jean-Claude Robert
    Histoire du Québec contemporain
    (tome I)

15. Paul-André Linteau,
    René Durocher, Jean-Claude Robert,
    François Ricard
    Histoire du Québec contemporain
    (tome II)

16. Jacques Savoie
    Les Portes tournantes

17. Françoise Loranger
    Mathieu

18. Sous la direction de Craig Brown
    Édition française dirigée
    par Paul-André Linteau
    Histoire générale du Canada

19. Marie-Claire Blais
   Le jour est noir suivi de *L'Insoumise*

20. Marie-Claire Blais
   Le Loup

21. Marie-Claire Blais
   Les Nuits de l'Underground

22. Marie-Claire Blais
   Visions d'Anna

23. Marie-Claire Blais
   Pierre

24. Marie-Claire Blais
   Une saison dans la vie d'Emmanuel

25. Denys Delâge
   Le Pays renversé

26. Louis Caron
   L'Emmitouflé

27. Pierre Godin
   La Fin de la grande noirceur

28. Pierre Godin
   La Difficile Recherche de l'égalité

29. Philippe Breton et Serge Proulx
   L'Explosion de la communication

30. Lise Noël
   L'Intolérance

31. Marie-Claire Blais
   La Belle Bête

32. Marie-Claire Blais
   Tête blanche

33. Marie-Claire Blais
   Manuscrits de Pauline Archange, Vivre ! Vivre ! et *Les Apparences*

34. Marie-Claire Blais
   Une liaison parisienne

35. Jacques Godbout
   Les Têtes à Papineau

36. Jacques Savoie
   Une histoire de cœur

37. Louis-Bernard Robitaille
   Maisonneuve, le Testament du Gouverneur

38. Bruce G. Trigger
   Les Indiens, la Fourrure et les Blancs

39. Louis Fréchette
   Originaux et Détraqués

40. Anne Hébert
   Œuvre poétique

41. Suzanne Jacob
   L'Obéissance

42. Jacques Brault
   Agonie

43. Martin Blais
   L'Autre Thomas D'Aquin

44. Marie Laberge
   Juillet

45. Gabrielle Roy
   Cet été qui chantait

46. Gabrielle Roy
   Rue Deschambault

47. Gabrielle Roy
   La Route d'Altamont

48. Gabrielle Roy
   La Petite Poule d'Eau

49. Gabrielle Roy
   Ces enfants de ma vie

50. Gabrielle Roy
   Bonheur d'occasion

51. Saint-Denys Garneau
   Regards et Jeux dans l'espace

52. Louis Hémon
   Écrits sur le Québec

53. Gabrielle Roy
   La Montagne secrète

54. Gabrielle Roy
   Un jardin au bout du monde

55. François Ricard
   La Génération lyrique

56. Marie José Thériault
   L'Envoleur de chevaux

57. Louis Hémon
   Battling Malone, pugiliste

59. Élisabeth Bégon
   Lettres au cher fils

60. Gilles Archambault
   Un après-midi de septembre

61. Louis Hémon
   Monsieur Ripois et la Némésis

62. Gabrielle Roy
   Alexandre Chenevert

63. Gabrielle Roy
   La Rivière sans repos

64. Jacques Godbout
   L'Écran du bonheur

65. Machiavel
   Le Prince

66. Anne Hébert
   Les Enfants du sabbat

67. Jacques Godbout
   L'Esprit du don

68. François Gravel
   Benito

69. Dennis Guest
   Histoire de la sécurité sociale au Canada

70. Philippe Aubert de Gaspé fils
   L'Influence d'un livre

71. Gilles Archambault
   L'Obsédante Obèse et autres agressions

72. Jacques Godbout
   L'Isle au dragon

73. Gilles Archambault
   Tu ne me dis jamais que je suis belle et autres nouvelles

74. Fernand Dumont
   Genèse de la société québécoise

75. Yvon Rivard
   L'Ombre et le Double

76. Colette Beauchamp
   Judith Jasmin : de feu et de flamme

77. Gabrielle Roy
   Fragiles lumières de la terre

78. Marie-Claire Blais
   Le Sourd dans la ville

79. Marie Laberge
   Quelques Adieux

80. Fernand Dumont
   Raisons communes

81. Marie-Claire Blais
   Soifs

82. Gilles Archambault
   Parlons de moi

83. André Major
   La Folle d'Elvis

84. Jeremy Rifkin
   La Fin du travail

85. Monique Proulx
   Les Aurores montréales

86. Marie-Claire Blais
   Œuvre poétique 1957-1996

87. Robert Lalonde
   Une belle journée d'avance

88. André Major
   Le Vent du diable

89. Louis Caron
   Le Coup de poing

90. Jean Larose
   L'Amour du pauvre

91. Marie-Claire Blais
   Théâtre

92. Yvon Rivard
   Les Silences du corbeau

93. Marco Micone
    Le Figuier enchanté

94. Monique LaRue
    Copies conformes

95. Paul-André Comeau
    Le Bloc populaire 1942-1948

96. Gaétan Soucy
    L'Immaculée Conception

97. Marie-Claire Blais
    Textes radiophoniques

98. Pierre Nepveu
    L'Écologie du réel

99. Robert Lalonde
    Le Monde sur le flanc de la truite

100. Gabrielle Roy
     Le temps qui m'a manqué

101. Marie Laberge
     Le Poids des ombres

102. Marie-Claire Blais
     David Sterne

103. Marie-Claire Blais
     Un Joualonais sa Joualonie

104. Daniel Poliquin
     L'Écureuil noir

105. Yves Gingras, Peter Keating, Camille Limoges
     Du scribe au savant

106. Bruno Hébert
     C'est pas moi, je le jure!

107. Suzanne Jacob
     Laura Laur

108. Robert Lalonde
     Le Diable en personne

109. Roland Viau
     Enfants du néant et mangeurs d'âmes

110. François Ricard
     Gabrielle Roy. Une vie

111. Gilles Archambault
     La Fuite immobile

112. Raymond Klibansky
     Le Philosophe et la Mémoire du siècle

113. Robert Lalonde
     Le Petit Aigle à tête blanche

114. Gaétan Soucy
     La petite fille qui aimait trop les allumettes

115. Christiane Frenette
     La Terre ferme

116. Jean-Charles Harvey
     La Peur

117. Robert Lalonde
     L'Ogre de Grand Remous

118. Robert Lalonde
     Sept lacs plus au nord

119. Anne Hébert
     Le Premier Jardin

120. Hélène Monette
     Crimes et Chatouillements

121. Gaétan Soucy
     L'Acquittement

122. Jean Provencher
     Chronologie du Québec, 1534-2000

123. Nadine Bismuth
     Les gens fidèles ne font pas les nouvelles

124. Lucien Bouchard
     À visage découvert

125. Marie Laberge
     Annabelle

126. Gérard Bouchard
     Genèse des nations et cultures du Nouveau Monde

127. Monique Proulx
     Homme invisible à la fenêtre

128. André Major
L'Hiver au cœur

129. Hélène Monette
Le Goudron et les Plumes

130. Suzanne Jacob
La Bulle d'encre

131. Serge Bouchard
L'homme descend de l'ourse

132. Guillaume Vigneault
Carnets de naufrage

133. France Daigle
Pas pire

134. Gil Courtemanche
Un dimanche à la piscine à Kigali

135. François Ricard
La Littérature contre elle-même

136. Philippe Aubert de Gaspé père
Les Anciens Canadiens

137. Joseph-Charles Taché
Forestiers et Voyageurs

138. Laure Conan
Angéline de Montbrun

139. Honoré Beaugrand
La Chasse-galerie

140. Jacques Godbout
Le Temps des Galarneau

141. Gilles Archambault
La Fleur aux dents

142. Jacques Godbout
Opération Rimbaud

143. Marie-Sissi Labrèche
Borderline

144. Yann Martel
Paul en Finlande

145. Guillaume Vigneault
Chercher le vent

146. Gilles Archambault
Les Pins parasols

147. Pierre Billon
L'Enfant du cinquième Nord

148. Bernard Arcand et Serge Bouchard
Les Meilleurs lieux communs, peut-être

149. Pierre Billon
L'Ogre de Barbarie

150. Charles Taylor
Les Sources du moi

151. Michael Moore
Mike contre-attaque!

152. Mauricio Segura
Côte-des-Nègres

153. Marie Laberge
La Cérémonie des anges

154. Léopold Simoneau
L'Art du bel canto

155. Louis Lefebvre
Le Collier d'Hurracan

156. Monique Proulx
Le cœur est un muscle involontaire

157. Hélène Monette
Unless

158. Monique LaRue
La Gloire de Cassiodore

MISE EN PAGES ET TYPOGRAPHIE :
LES ÉDITIONS DU BORÉAL

ACHEVÉ D'IMPRIMER EN JANVIER 2004
SUR LES PRESSES DE L'IMPRIMERIE AGMV MARQUIS
À CAP-SAINT-IGNACE (QUÉBEC).